# 中國學術思想 研究輯刊

三 二 編

林 慶 彰 主編

## 第 1 冊

### 《三二編》總目

編 輯 部 編

## 從太初到民國：中華文明發展歷程管窺（上）

劉 斌 著

花木蘭文化事業有限公司

國家圖書館出版品預行編目資料

從太初到民國：中華文明發展歷程管窺（上）／劉斌 著 -- 初
版 -- 新北市：花木蘭文化事業有限公司，2020〔民109〕
序6+ 目2+160 面；19×26 公分
（中國學術思想研究輯刊 三二編；第1冊）
ISBN 978-986-518-273-1（精裝）
1. 文明史 2. 中國
030.8                                              109011218

ISBN-978-986-518-273-1

9 789865 182731

中國學術思想研究輯刊
三二編 第一冊                     ISBN：978-986-518-273-1

## 從太初到民國：中華文明發展歷程管窺（上）

作　　者　劉斌
主　　編　林慶彰
總 編 輯　杜潔祥
副總編輯　楊嘉樂
編　　輯　許郁翎、張雅淋　美術編輯　陳逸婷
出　　版　花木蘭文化事業有限公司
發 行 人　高小娟
聯絡地址　235 新北市中和區中安街七二號十三樓
　　　　　電話：02-2923-1455 ／傳真：02-2923-1452
網　　址　http://www.huamulan.tw 信箱 hml810518@gmail.com
印　　刷　普羅文化出版廣告事業
封面設計　劉開工作室
初　　版　2020 年 9 月
全書字數　149456 字
定　　價　三二編 24 冊（精裝）新台幣 60,000 元

# 《三二編》總目

編輯部 編

# 《中國學術思想研究輯刊》三二編 書目

# 《中國學術思想研究輯刊》三二編
# 各書作者簡介・提要・目次

## 第一、二冊　從太初到民國：中華文明發展歷程管窺

### 作者簡介

劉斌，男（1979～），山東鄒平人，師從著名學者龐樸、杜澤遜先生。主要研究方向為《論語》學史、儒家思想文化史。

### 提　要

本著作簡要敘述了從太初到民國中華文明歷史長河中自文明之初伏羲創制「六峜」至民國先賢考辨《論語》的系列學術課題。包括作為中華文明曙光後世極少探討的古六峜體系，文字發明以前結繩記事時代口耳相傳的文明載記手段，文字出現以後中華歷史學發蒙初期也即傳說中黃帝時代始見、處於中華早期文明最上端、後世《漢書・藝文志》所謂「左史記言右史記事」的太初史官制度，漢代以後一直以來為我中華民族奉為立身修德核心價值、儒家所謂「義」的內涵及相關歷史和意義世界，《論語》簡稱、四書流傳，民國《論語》考辨、海外中國學研究、作為傳統易象之新發展的「十二爻」新易象等十個部分，涉及文明曙光、文明創造、文明傳承、文化發展、價值考辨等多個方面的研究範圍和領域。

# 目　次

## 上　冊

## 下　冊

# 第三、四冊　中國經學研究會年會論文集——走出荒經時代

## 作者簡介

　　司馬朝軍，上海社會科學院歷史研究所研究員、古代史室主任。曾任武漢大學國學院經學教授、歷史學院專門史教授、信息管理學院文獻學教授、中國傳統文化研究中心研究員、四庫學研究中心主任。著有《四庫全書總目研究》《四庫全書總目編纂考》等四庫學系列著作，主撰《辨偽研究書系》（9種 13 冊），此外出版國學系列著作多種（如《國故新證》《國故新衡》《國故新語》《漢志諸子略通考》《子略校釋》《黃侃年譜》《黃侃評傳》等）。組織主持「中國經學論壇」與「江南學論壇」，主編連續性學術集刊《傳統中國研究集刊》與不定期學術集刊《江南學論叢》。

## 提　要

　　本書集由司馬朝軍研究員負責編輯，精選了當今大陸經學研究界一線學

者有代表性的經學論文。上海社科院歷史研究所曾為海內經學研究重鎮，一時高手雲集，周予同先生就是旗手。由於經學研究在以往的百年之間處於邊緣化位置，司馬朝軍研究員意欲接力完成由周予同先生提出的三大課題（即《中國經學史》的編撰、《清經義考》的編纂、《從顧炎武到章太炎》的編寫）。2019 年 4 月 19 日～22 日在衢州國際大酒店專門召開了題為「走出荒經時代」的全國經學學術研討會。來自北京大學、復旦大學、武漢大學、中山大學、山東大學、蘭州大學、上海大學、安徽大學、上海師範大學、衢州學院、孔子研究院等高校和科研機構的 30 餘位專家學者，圍繞百年經學研究的回顧、經學專題研究、《中國經學史》的編纂問題、孔氏南宗與儒家文化研究四個專題展開了深入交流。中國孔子研究院「尼山學者」特聘研究員丁鼎教授指出，南孔北孔，同宗同源，此次會議在南孔聖地衢州召開，無疑具有特殊意義，「走出荒經時代」即是要「為往聖繼絕學」，本次會議肩負挖掘和闡發儒學思想的重任。上海大學寧鎮疆教授認為，經學研究要回歸文本，秉持開放的胸懷，加強與考古學、出土文獻等研究領域的交流，以助於走出「荒經時代」。

## 目　次

### 上　冊

# 第五、六冊　先民生存的艱難與悲喜——《國風》讀注（修訂版）

## 作者簡介

白鳳鳴，1961 年生，文科出身，高級經濟師。著有《荒原獨語》（散文集，陝西人民出版社，1998 年）、《先民生存的艱難與悲喜——〈國風〉讀注》（中國社會科學出版社，2011 年）、《〈詩經〉敘事與一代王朝的焦慮——小、大〈雅〉讀注》（上、中、下）（花木蘭文化事業有限公司，2019 年）。

## 提　要

這是一部關於《詩經・國風》的書。將《詩經》稱為「文學」是後人所為。那時的人們並未歸納出什麼是「文學」，他們只是覺得需要表達和「發表」。作者沒有單從文學的維度去作所謂的「賞析」，也沒有以今人之觀念去推演古人，而是回到《詩經》時代——於《國風》來說應該是春秋時代的語境中，逐一體味十五「國」地域上的「風」詩一百六十首，真切地感受他們的心理和想法；在先秦歷史和春秋時世的大背景之下，透過先民的歌詩看到那個時代的社會與人生，讀得先民生存的艱難與悲喜，看得先民的心志情緣和多視角下的生存狀態。

## 目　次

### 上　冊

序

### 下　冊

## 第七冊　裸禮考辨

### 作者簡介

　　周聰俊，1939 年生，台灣台北人。1965 年台灣師範大學國文系畢業，1975 年及 1981 年兩度再進母校國文研究所深造，1978 年獲碩士學位，1988 年獲博士學位。主要學術研究領域為文字、先秦禮學以及三禮器物。曾任基隆高中、師大附中等校教師，台灣科技大學教授。著有《說文一曰研究》、《饗禮考辨》、《裸禮考辨》、《三禮禮器論叢》、《禮圖考略》等書。

### 提　要

　　先王制禮，緣乎人情，是故古人於宗廟祭祀，必先求神，乃有灌地降神之事，蓋以神既來格而後可享。惟據經傳所見，裸禮祇作為某一禮典組成之一節次，不單獨行使，故多散見諸禮之中。復以裸禮不傳，難知其詳，而載

籍簡約，說者又各出己意，致使古宗廟祭祀中，降神之祼禮，真象難明。夫祼本專為求神之禮，而先王亦以斯禮待賓客，遂及賓客之禮，而諸侯冠禮有祼享之儀，天子籍禮亦有祼鬯之節，其意義及其儀法，或當有殊。且宗廟之祼有祼神祼尸之分，賓客之祼有禮祼饗祼之別，而說者亦不盡全同。若夫鬯鬯所用鬱草或所盛禮器，漢儒箋注亦不能無誤。因徵諸經傳群籍以及出土實物資料，以探搜典籍所見宗廟祭祀中之祼禮及其相關問題。或考其原委，以祛眾惑，或博綜異說，以辨是非，期得近其實象。

## 目　次

# 第八冊　三禮禮器論叢

## 作者簡介

　　周聰俊，1939 年生，台灣台北人。1965 年台灣師範大學國文系畢業，1975 年及 1981 年兩度再進母校國文研究所深造，1978 年獲碩士學位，1988 年獲博士學位。主要學術研究領域為文字、先秦禮學以及三禮器物。曾任基隆高中、師大附中等校教師，台灣科技大學教授。著有《說文一曰研究》、《饗禮考辨》、《祼禮考辨》、《三禮禮器論叢》、《禮圖考略》等書。

## 提　要

　　本小冊選輯，乃筆者歷年來，發表於期刊或研討會有關三禮禮器之論文：一曰〈儀禮用鉶考辨〉（拙作《饗禮考辨》「鉶與陪鼎有別」乙節，即據本文修訂），二曰〈殷周禮制中醴及醴器研究〉，三曰〈鬯器考〉（拙作《祼禮考辨》「祼禮相關禮器」，其中部分亦據本文修訂收入），四曰〈簠　為黍稷圓器說質疑〉，五曰〈匡器辨〉，六曰〈兕觥辨〉，七曰〈再論簠　異實說〉，都凡七篇。大抵悉徵諸經傳群籍，旁稽歷代師儒之說，並結合近代學者於考古學與古文字學之研究成果，對殷周醴、鬯及其相關酒器，以及鉶、簠、　、匡、兕觥諸器之形制功能，深入探討，並對前賢時修紛歧眾議，詳考慎辨，以決其從違，庶期得近其實象。另附錄二篇，曰〈禋祀實柴槱燎考〉，曰〈春秋之秋取象於蝗蟲說質疑〉。前篇旨在考述周人禋柴燎三祀之沿承、異同及其相關問題，後篇則在辨明春秋之秋，蓋取象於其時最著之物（蟋蟀），而非取象於蝗蟲。

## 目　次

# 第九冊　陳暘《樂書》音樂哲學之研究

## 作者簡介

　　張偉萱，女，生於 1986 年，活潑好動、與生癲狂、不按牌理出牌的水瓶座，臺灣新北汐止人。輔仁大學哲學系學士、碩士、博士畢，廣州中山大學哲學系博士後研究。興趣廣泛但熱愛中國音樂、中國哲學與流浪貓，學術專長應為邏輯學，但興趣和研究方向卻是中國哲學，提倡中國音樂哲學之概念與研究。對音樂系及哲學系的專業學者來說，是一個遊走在音樂與哲學的邊界、夾縫中求存的年輕傻女孩。與陳暘陳祥道兩兄弟有著難以言說的感應與緣份，如果還能在學界生存下去，下一本出版專書應為《陳祥道〈論語全解〉的禮學重構》。

## 提　要

　　中國儒家音樂哲學以形上基礎「道」為其根據與根源，而在形下世界則與「禮」並稱作為準則。依憑音樂起於人心，音樂作為一種對話，或是一種工具媒介，包含人與自我、人與自然、人與他者（社會）的和諧關係，以此提升人的境界，音樂由此指向對人類的終極關懷，而最後又將回到形上世界的「天人合一」；但此並非形上與形下的斷裂，而是一個歷程。陳暘的《樂書》藉由經典的訓義重申儒家音樂的基本命題──「和」，並加以考察蒐集民間音樂（俗樂）與外來音樂（胡樂），著成了一套中國音樂的百科全書。作者藉研究陳暘《樂書》欲重構中國儒家音樂哲學的內容，以哲學的視角探討：一、

音樂之形上學向度（音樂本根論）：音樂的定義、本質與形式、起源與根源問題；二、音樂之藝術哲學向度：其樂理思想之基礎與受到歷史文化影響的鑑賞標準及批判理論；三、音樂之價值哲學向度：倫理學與美學之向度，包含音樂道德修養論、音樂宗教論、音樂政治教化論等議題，以及儒家的中和為美、美善同一等觀點，以期終達天人合一之境界。最後則是以「和」貫串整個陳暘《樂書》的中國音樂哲學，並反省與檢討陳暘《樂書》中作為音樂哲學的侷限和不足處，進而試提出陳暘《樂書》之可取與能用之處，如此，將音樂理論和實踐重新銜接，形上與形下不至斷裂，重構起陳暘《樂書》的音樂哲學。

## 目　次

# 第十冊　歷史解釋：《左傳》敘事研究

## 作者簡介

　　張懿奕，女，文藝學博士，任教於北京某高校，發表論文多篇，參與並完成 3 項教改立項，參編 2 部教材，出版國學通識類讀物包括《日常生活中國的國學》、《風土人情中的國學》、《〈資治通鑒〉選粹》等；參加北京市社科基金項目 1 項，依託課題，參與撰寫弘揚中華優秀傳統文化的《京名片》叢書（5 冊），該叢書於 2019 年 1 月出版後參加英國國際書展，現被英國大英圖書館收藏。

## 提　要

　　本書吸收中西史論、敘事學原理和西方歷史哲學的相關論說，結合清華竹簡的整理文獻，闡述《左傳》敘事特徵和敘事功能。論述以肯定《左傳》為解釋《春秋》之作為出發點，敘事特徵是屬詞比事，通過聯屬文辭和比類事蹟，呈現褒貶的史鑒意義，具體又劃分為局部敘事和全局敘事。所謂局部敘事是依經敘述，按一定時序展示事件的本末始終，表現春秋本事的時序與原理，全局敘事是指《左傳》在成書過程採錄多國史官的筆記和當時的傳說，又在敘述中通過預言、評論、卜筮等方式切換敘述視角，以懸念、徵兆引起連續敘述，展現不同事件之間脈絡連接而貫穿始終。這種內現而外隱的套層敘述結構使得《左傳》敘事兼具解釋經旨和推究歷史發展規律的雙重功能。《左傳》敘事以解釋《春秋》經文、以褒貶人物行跡而實現貞定人倫的敘述宗旨，通過又考察春秋貴族在王道不顯的歷史環境下實踐禮義道德，他們謀求霸主之位的實際行動與表面尊周的言辭之間，呈現出複雜的張力狀態，這種實時

變化的矛盾，又與貴族家庭中的嫡長子繼承等特殊的政治倫理問題裏挾起來，成為推動春秋歷史進程的主導因素。

## 目　次

# 第十一冊　中國古代儒家「友」觀念研究

## 作者簡介

　　王淑琴，女，山東中華文化學院教師，哲學博士，畢業於山東大學儒學高等研究院。主要研究方向為儒家哲學、中國古代思想史。已發表論文《「友，君臣之道」：郭店楚簡與孟子友朋觀互證》、《「君臣友朋，相為表裏」：何心隱友朋思想論析》等。已參與、完成國家社會科學基金項目「中華文化元典基本概念研究」。

## 提　要

　　在甲骨文中，「友」為二手相依，我們推測它的本義應是互相幫助。基於這個本義，「友」所涉及的內容相當廣泛，它的範圍包括兄弟相友、君臣相友、朋友相助，因而「友」觀念指的不僅僅是現代人所說的交友之道，當然交友之道也是儒家友朋思想的重要內容之一。

　　先秦時期的「友」與君臣聯繫更為緊密。「善兄弟為友」指的是兄弟之間的友愛，而「君臣相友」則反映了「友」為君臣之道，甚至可以說師友為君臣之道。儒家學者對「君臣相友」的內容談論較多，從《郭店楚簡》到孟子、荀子，從荀子到《白虎通義》與二程。在君臣志於道的基礎上，除了在禮節上講求君臣有序，君與臣還是相友關係，「友者，所以相有也」。在「友」的內涵下，友為君臣之道是本文論述的主要內容之一，而且令人欣喜的是，這項內容幾乎是歷代思想家著述的重要內容，從先秦到明清，「君臣相友」的思想從未間斷，它不僅贏得了繼承，並且時而散發出更加綻新的活力。

　　「君為臣綱」認定了君臣有序，「君臣相友」則是志於道下的君臣以義相合，二者緊密配合，缺一不可。若有人問起幾千年來中華民族的文明碩果，「君臣相友」與君臣有序相結合的治道便是其中之一。在這個理想的治政原則下，「君臣相友」衍生出君使臣以禮、君臣以敬為主等規則，「君為臣綱」派生出人臣不顯諫、臣事君以忠等規範，眾多君臣之禮也由然而生。

　　自《郭店楚簡》提出「友，君臣之道」、「君臣義生言」的觀點之後，繼而孟子有「師、友、事」的看法，《白虎通義》則主張「君之與臣，無適無莫，義之與比」，到了宋代，程頤說君臣「同治天下」、君臣以敬為主，而黃宗羲稱臣「以天下為事，則君之師友」，以上主張皆可以歸納為「友」觀念在君臣一倫中的體現。何心隱曾高度讚揚「君臣相師，君臣相友」的歷史現象，但

他認為三代以後已難重現「君臣相師，君臣相友」的理想局面，他說「春秋以道統統於仲尼」，三代以後天下已統於友朋，因而他提出了「君臣友朋，相為表裏」的思想，可謂深諳儒家旨要。

在兄弟一倫中，「友」觀念體現為「善兄弟為友」，若加以詳細分析，它可闡釋為兄友弟敬或兄友弟悌。在人們常說的朋友一倫中，交友之道的內容則更加豐富了。

在第一章中，作者對「友」字的本義及其內涵作了簡要分析。「友」的本義為兩手相助，有互助義。在這個原始含義下，「友」可應用於兄弟、朋友之間。作為倫理規範講，在家庭內「友」是兄弟之間的相處規範。若具體到兄與弟，「友」則包含了兄「友」與弟「悌」。「悌」的內容比較特殊，且具有重要的社會價值。在社會中，尊賢良被闡釋為友行，顯示了「友」在師友、君臣之間所蘊藏的內涵。作者指出中國歷史上的友朋關係還具有兩個顯著特色，一是存在患難相死的朋友之道，俠義之風暢行不衰。二是在儒者的生活中，「同悅而交，以德者」與「尚友」的理想是他們不約而同的精神追求。

第二章著重分析了志同道合的交友觀。孔子的「友」觀念奠定了儒家朋友一倫的基本內涵。「友直、友諒、友多聞」等品質是朋友的道德品格，「切切偲偲」、「言而有信」是朋友間的相處規範，「以友輔仁」則是友朋之道的歸宿。孟子承繼《郭店楚簡》「同悅而交，以德者」的觀點，提出了「友其德」和「尚友」的主張。荀子說「取友善人，不可不慎，是德之基」，荀子認為選擇朋友要以道為原則，應十分慎重，「隆師而親友」也是荀子友朋觀的顯著特徵。在交友方面，《白虎通》提出了「近則正之，遠則稱之，樂則思之，患則死之」的實踐主張。程頤將朋友講習看作天下最值得喜悅的事情，程子說「朋友講習，更莫如相觀而善工夫多。」朋友間主敬也是其顯著特徵。李贄認為以利交接之人算不得朋友，「言友則師在其中」的說法應是李贄首次提出，李贄認為師友是統一的。

第三章主要分析了「君臣相友」思想。「友，君臣之道」是《郭店楚簡》友朋觀的突出體現。孟子指出君臣之間可由「友」擴展為三種關係：師、友、事。荀子贊同「從道不從君」的古訓，他說諫爭輔拂之人是社稷之臣、國君之寶。《白虎通》提出了「君為臣綱」的君臣思想，但《白虎通》又說：「君之與臣，無適無莫，義之與比」，可見它也繼承並發展了「友，君臣之道」的主張。二程認為君臣合力為天下之天下，在這個前提下，二程猶為重視君臣

之義，他們認為君臣各有其職責。何心隱的友朋觀具有社會實踐意義，他期望以師友關係集聚力量，發揮以下致上的作用，從而實現友朋之道。他提出的「交盡於友」、「君臣友朋，相為表裏」等觀點是之前的儒家學者鮮有提及的。在遵循孟子王道思想的同時，黃宗羲明確指出了君臣當以天下萬民為事，以天下為事，則臣為「君之師友」。

在第四章中，作者嘗試探尋友悌的現代價值。君道本於天、民是儒家的思想傳統，君臣同治天下是君臣相友的前提，而同治天下則以保民、利民為本。在家庭內，慈孝友悌維繫著家族的和睦興衰；在社會中，「悌」還具有重要的社會價值，人際關係的和諧也離不開人與人之間的友愛與尊重。重道義是歷代儒家學者提倡的交友之道，好的朋友是成就德行的基礎。

## 目　次

# 第十二冊　先秦儒道兩家本性論探微

## 作者簡介

　　許宗興，台灣宜蘭人，畢業於東吳大學中文系、政治大學中文研究所。

　　先後任教：銘傳大學、華梵大學，目前為華梵大學東方人文思想研究所兼任教授。

　　授課科目：論文研究方法、子學通論、中國哲學史、宋明理學、孟子、莊子、朱子、王陽明、淨土思想。

　　研究領域：碩士論文：《王龍谿學述》；博士論文：《孟子義理思想研究》；教授升等論文：《先秦儒道兩家本性論探微》；近十年主要發表朱熹哲學之論文。

## 提　要

　　本書旨在探究先秦儒道五子——孔、孟、荀、老、莊，是否主張吾人生具、皆具、圓具成聖質素之問題。其章節架構為：範疇學方法論、儒家本性論、道家本性論與總結。

　　方法論是近世論文寫作必處理課題，本書方法論分三部分：一是為「本性論」作定位——說明「本性論」在生命實踐哲學中位置，及與其他範疇關係，此為「中國實踐哲學的範疇論」一章所述。二是本文提出探究本性論未萌芽前哲人之方法——「前理論期研究法」、「範疇學研究法」，主要針對孔子、老子、莊子而設。三是一般論文研究法而為本書特重者，如「語意分析法」、「層次分類法」等。

　　本書探究自認較具成果者：提出中國生命實踐哲學之整體架構；確定本性論外延與內涵；說明本性論重要性；提出探究本性論未發達前哲人之研究法；解析「性善」概念；提出孟子以第一念證明性善之不當；提出證明性善之論證；對荀子「心」作深入剖析；說明荀子學說真正問題為「善」在心外；闡述不能以《莊子‧外雜篇》之性論，及《莊子‧內篇》之「德」為莊子本性論憑藉；最後確定先秦儒道五子，除荀子外皆主吾人生具、皆具成聖質素。

　　本書嘗試在生命實踐哲學觀點下作論述，深盼能將前哲生命實踐智慧，重現其光芒於今日。又本書推論過程期能合乎邏輯法式，力求清晰、明確、條理、完整，冀古哲智慧，能以今人可理解方式表顯。此本書撰述兩旨趣，願與有緣讀者共勉。

## 目　次

# 第十三冊　從宋明理學到現代新儒學

## 作者簡介

　　韓強，1948 年生，天津市人。1976 年畢業於南開大學哲學系。1986 年獲南開大學哲學碩士學位。1990 年獲哲學博士學位。現任南開大學哲學系教授。

　　曾參加編著方克立主編的《從孔夫子到孫中山》、《中國哲學大辭典》、呂希晨主編的《中國現代文化哲學》、劉澤華主編的《中國傳統文化精神》等著作。

　　近年出版的個人專著有《現代新儒學心性理論評述》、《中國傳統哲學與現代新儒學》、《文化意識與道德理性》，並在《哲學研究》、《南開學報》、《復旦學報》、《東嶽論叢》、《哲學動態》等刊物上發表中國哲學史論文、專題綜述等 100 餘篇。

## 提　要

　　現代新儒家是五四運動後既不同於自由主義西化派，又不同於「國粹派」的一個思想派別。他們主張以中國傳統思想，特別是儒家思想為本位，吸取西方思想文化，建立一種適應中國民族資產階級政治經濟要求的新哲學和新文化。

　　現代新新儒家號稱是「接著宋明理學講的」所謂「接著講」就是中西結合，有所創新，一方面發揚程、朱、陸、王，另一方面結合近現代西方哲學，既保持中國傳統文化，又力求創新，為中國挺立於當代世界建立信心。

　　在世界歷史上，中國文化源遠流長，沒有發生西方歷史的文化斷裂，原因就在於長期的統一，而統一的基礎是農業手工業市場經濟模式。秦朝統一了度量衡、統一了文字、在全國修築了馳道，實際是建立了全國性的市場，漢承秦制，建立了一整套制度。從秦漢以來有五次成為超級大國（漢唐元明清），在中國統一的時間要遠遠超分裂時間，魏晉南北朝和五代十國都不長，原因就在於全國統一的市場一旦制度化，就不允許長期分裂，所以中國統一是必然的。正是這種統一為中國文化傳統的延續奠定了堅實的基礎。

　　中國文化的連續性還在於，創造性的解釋學，漢代的今文經和古文經雖然方法不同，但都是在解釋古代的經典，無論是儒家還是道家的經典教都是總結前面的原文在解釋基礎上進一步說明新的創新，所以都能完整地承先啟後。這是中國流傳的基礎。

　　本書正是在上述方法論的基礎上詳細論述從宋明理學到現代新儒雅學的發展過程：在宋明理學中，選取了周敦頤、張載、程頤、朱熹的性兩元論；程顥、陸九淵、王陽明的心性一元論；羅欽順、王廷相、王夫之的性氣一元論，在現代新儒家中，選詳細分析了梁漱溟、熊十力、馮友蘭、賀麟、唐君毅、牟宗三、劉述先、成中英的哲學思想。

## 目　次

# 第十四、十五冊　熊十力與「體用不二」論

## 作者簡介

　　林世榮，中央大學中文所博士，現為龍華科大文創系教授。著有《熊十力《新唯識論》研究》、《熊十力春秋外王學研究》、《熊十力與「體用不二」論》，及單篇論文〈朱熹《周易本義》發微——以乾坤二卦為示例的探討〉、〈程朱「復其見天地之心乎」說研究〉、〈李光地《周易折中》屯六二「乘馬班如，匪寇婚媾」研究〉、〈李光地《周易折中》發微——以乾坤二卦為示例的探討〉、〈禪宗公案演變探討〉、〈王陽明成學與立教平議〉、〈姚永概《孟子講義》「救民」說研究〉、〈朱熹《周易本義》夬〈大象〉「居德則忌」研究〉、〈《論語・陽貨》「宰我問三年之喪章」研究〉、〈《易》「用九用六」解〉、〈「原泉混混」與「必志於彀」〉、〈繆協即繆播否考〉、〈《易》「爻位貴賤」論〉、〈讀程頤〈讀論語孟子法〉〉、〈《易》「卦畫」說〉、〈《易》「元亨利貞」辨〉、〈原「原筮」〉、〈小貞吉，大貞凶〉等數十篇。

## 提　要

　　本書以《乾坤衍》為探討對象，闡明熊十力直從《大易》入手，對乾坤

兩〈象傳〉反覆推釋，以昌明「體用不二」之說。自《新唯識論》起，熊氏即言「體用不二」，以至《乾坤衍》，仍是如此，但其中心思想益圓融，表述方式更見條理。有辨偽、有廣義，於本體論、宇宙論及人生論皆予詳析，且強調內聖、外王兼而賅之，即在此內聖與外王亦不二上，才是真正有體有用之「體用不二」論也。

## 目　次

### 上　冊

# 第十六冊　韓非子難篇研究——韓非子的辯論術

## 作者簡介

　　張素貞，臺灣省新竹縣人，一九四二年生。臺灣師大國文系文學士、國文研究所碩士，現為國立臺灣師大國文系退休教授。專長在韓非子、現代小說。《韓非子》的研究著作有：《韓非子思想體系》、《韓非子喻老篇析論》、《韓非解老喻老研究》、《韓非子導讀》、《國家的秩序——韓非子》、《韓非子難篇研究》、《韓非子的實用哲學》、《韓非子選讀》（《經子名著選讀》部分）、《韓非子選讀》。編注譯有：《新編韓非子》。

## 提　要

　　《韓非子難篇研究》為民國七十七年國立臺灣師範大學國文系教授升等論文，乃增定一版，增補「輯餘」〈難勢〉、〈說難〉、〈難言〉三篇析論。一九九七年（民國八十六年）八月學生書局增訂再版二刷，曾加附副題為：《韓非子難篇研究——韓非子的辯論術》。

　　《韓非子難篇研究》旨在辨析研討〈難一〉、〈難二〉、〈難三〉、〈難四〉四篇的種種議題。韓非子創發辯難體式的議論文，以《難篇》最能具體展現。大抵先援引古文古事，再以法家思想辯難論述。本文就各篇各節題旨分列法論、術論、勢論，先考證引述資料，探析原義，再剖析其論難文字，歸納評述，進而引證比較，並作其他篇章的貫串繫聯，兼及後代論評的追踪探索。《難篇》研究足見：辯難議論文的創始，亦可作為訓詁校讎的參證，其法家思想的闡發頗多精采，而寫作章法的巧妙，明代以來士子多有讚譽，本研究亦多所著墨。

　　本論文增訂「輯餘」三篇，皆有「難」字。「難」有二讀，〈難勢〉和《難篇》都讀去聲，是辯駁論難之意，〈難勢〉是有關威勢統治的重要辯論文章；〈說難〉、〈難言〉的「難」讀平聲，即困難之意。前者解說遊說諫諍之艱難，後者感慨畏罪難於進言的苦況。三篇體例各殊，並讀會觀，可以從各個面向詮解韓非子其人其文的論辯景況。

## 目　次

# 第十七冊　韓非解老喻老研究

## 作者簡介

　　同第 16 冊

## 提　要

　　《韓非解老喻老研究》為民國六十五年國立臺灣師範大學國文系副教授升等論文。

　　《韓非子》是先秦最完整的政治思想集大成論著，其中〈解老〉、〈喻老〉是有關《老子》哲理最早的研究資料，兩篇體裁互異，立義懸殊。〈解老〉選註《老子》，疏解完善，申論精闢，多闡說醇厚的道家言論，也渲染了些許法家色彩；〈喻老〉設喻巧妙，說理深切，往往超越《老子》的思想範疇，呈現強烈的法家旨趣。

　　《韓非解老喻老研究》將〈解老〉、〈喻老〉原文，剖析重組，援引前後相關論述比論。章節劃分以義理為主，〈解老〉部分由道家樸質的清虛卑弱的「道體」起首，逐漸鎔入刑名思想，而至於「明法」；〈喻老〉由法家濃厚的任勢用術的「權謀」開始，逐漸淡化刑名，而至於「自持」。其中〈喻老〉「儉欲」一章及「權謀」第六節，兼採〈解老〉的相關闡釋。〈解老〉、〈喻老〉兩篇合併研究，可以詮解《史記》以老、莊、申、韓合傳，說韓非「喜刑名法術之學，而歸本於黃老」的繁複意涵。從〈解老〉、〈喻老〉的研析，可以理解道家哲理的闡發、儒家學說的申述、道法思想的會通、法家旨趣的流露、

訓詁校讎的參證。從而亦可理解戰國晚期的學術思想環境，《韓非子》學說順應時勢而具有厚實的理論基礎，後代學者關於老學、韓學的研究受其影響亦值得重視。

# 目　次

# 第十八冊　六朝山水畫論美學研究

## 作者簡介

　　易菲（1984～ ），女，漢族，湖南邵陽人。博士畢業於武漢大學哲學學院美學專業，師從劉綱紀先生。現為中南林業科技大學傢具與藝術設計學院講師，碩士生導師。研究方向為繪畫美學和生態美學。主持國家哲學與社會科學青年基金一項（《六朝山水精神中的生態審美智慧研究》），另主持湖南省哲學與社會科學基金、湖南省省情與決策、湖南省十三五教育科學規劃、湖南省學位與研究生教育改革研究項目各一項，在中文核心期刊上發表論文十餘篇。

## 提　要

　　中國山水畫的獨立發展始於南朝劉宋時期。同時也開始出現系統的山水畫論。東晉顧愷之的畫論雖然不是專論山水，但其中的「傳神」觀念深刻地

影響到山水畫的創作和實質。宗炳的「以形媚道」、「澄懷味象」、「暢神」，以及王微「效異山海」、「明神降之」、「寫心」等主張抓住了山水畫的核心，從深層哲理層面探討了山水畫的本質意義、山水畫的審美精神，也涉及了山水畫的功能、觀察表現等具體經驗層面上的問題。六朝以後山水畫都是在不同層面上對六朝畫論的實踐和補充，所論及的問題都繞不開六朝畫論所提出的基本理念。

　　過去的近一個世紀裏，學術界對六朝山水畫論的研究基本以一種美術史的方法將六朝山水畫論作為中國山水畫史的一部分來處理，重在研究顧愷之、宗炳、王微等人的生平、畫作以及辨析畫論中字詞的正誤，忽略了這一時期山水畫論總體的思想建構，在一定程度上將六朝山水畫論的研究孤立起來，沒有注意到六朝山水畫論前後的傳承關係。因此，本書從社會、哲學、美學背景出發，具體闡釋六朝山水畫論產生的思想根源和文化動因，發掘其中的美學內涵。力圖從整體上把握六朝山水畫論的美學思想和精神脈絡及其對後世山水畫及畫論的影響，以期對過去的研究進行補充和完善。

## 目　次

# 第十九冊　「理」與「上帝」之間：朱熹與丁若鏞「道心人心論」之比較研究

## 作者簡介

金玟，韓國首爾人。建國大學哲學系／國文系雙學士，國立台灣大學哲學研究所碩士，國立臺灣大學哲學研究所博士，成均館大學東洋哲學系 Brain Korea 21PLUS 事業團博士後研究員。現職：韓國學中央研究院太學士課程生（Postdoctoral Researcher）。主要研究方向：中國哲學、韓國哲學、中韓哲學比較、中西哲學比較。

## 提　要

本文透過朱熹與丁若鏞的「道心人心論」進行比較研究，並聚焦於兩者對「道心」的問題意識，以此考察「道心」概念哲學含義的變化與差異。在此問題意識下，本文一方面從程頤與呂大臨關於「中」與「未發已發」之辯論開始，接續討論朱熹中和舊說與新說的理論發展，深入探討朱熹對「道心人心」論的理論含義。另一方面，首先從歷史觀點來考察身為信西派的丁若鏞與天主教的關係；再者從與天主教理論的類似性切入，討論丁若鏞對「上帝」的觀點，深入探討丁若鏞對「道心人心」論的理論含義。本文比較朱熹與丁若鏞對「道心」的觀點，提出（1）朱熹的「道心」是必須先透過「知覺」之後才形成的道德意識，實際上不會賦予「道心」本體的涵義；（2）丁若鏞

的「道心」等同於「靈明」、「天命之性」為代表的本體，而「上帝」是這些本體義所根據的終極本體。最後，本文基於以上的論述，延伸探討朱熹與丁若鏞的本體論與工夫論之比較。

## 目　次

# 第二十冊 嚴復法律思想研究——與中國近代憲政思潮

## 作者簡介

官正豔，1979 年生人，西南政法大學法律史碩士；中山大學法學理論博士，現任嶺南師範學院法政學院教師。研究方向為嚴復知識論背景、法律思想；科學哲學、認識論等。

## 提 要

嚴復引薦西方文化有他經世致用的目的，經由嚴復翻譯的西學名著，都是進行過精心選擇的，嚴復的譯書過程，是一個文化再創設的過程。嚴復將社會進化論作為核心，並以此為原則引進西學，構建起他心中的西學體系。當嚴復將社會進化論這個邏輯體系誤讀為客觀科學真理時，社會進化論就成了進化決定論。在這一錯誤方法論的指引下，嚴復認為當時中國正處在宗法社會向國家過渡的這一進化程度上，君權有它存在的理由。

嚴復的「自由為本」是將個人自由作為手段而非目的：個人充分發揮才能可以促進群體的發展。他將密爾的自由誤讀為國群自由和小己自由：國群自由大於小己自由，當有外患發生時，應當犧牲小己自由以保護國群自由。嚴復用民權即人民的參政權來保障國群自由，用以對抗君權。他將人權誤讀成了民權，國群自由就成了主權的一部分，並和人權對立起來。嚴復的「民主為用」是建立在君權和民權二元權力基礎上的，與西方建立在一元權力基礎上的憲政民主是相悖的。嚴復將民權理解為民主，用以對抗君權，民主就成了人民民主。

康有為、梁啟超、鄭孝胥受到嚴復法律思想的影響，紛紛參與到維新、立憲運動中來，主張君主立憲。孫中山主張革命，但在辛亥革命後武夫干政、民主共和過早夭折。孫中山將行使民權的代表由嚴復的明君變成了國民黨，中國的憲政仍然遙遙無期。新文化運動主張建立自由的憲政價值觀參照體系，是對嚴復以孔教為憲政價值觀參照體系的反對，但卻是繼續嚴復的思想

啟蒙之路，只可惜新文化運動被戰亂和動盪打斷了。自由民主的價值不僅得不到承認，還備受打壓。嚴復以進化論為基礎的自由民主思想，使得中國人對西方的自由民主只知其一不知其二，自由民主由嚴復開始亦由嚴復結束。嚴復晚年主張中國學習德國的軍國主義，拋棄了他以前奉為聖經的自由民主，這是如此的弔詭，以至於也只能從他以進化論為基礎的法律思想中找到解釋。

## 目　次

# 第二一、二二冊　中國書院教育哲學之研究

## 作者簡介

陳旻志，筆名紀少陵，1970 年生，紫荊書院主持人，東海大學中國文學博士，南華大學文學系專任副教授、中華道教聯合總會【道教學院】特聘教授。曾任暨南大學中文系兼任副教授，四川大學訪問學者。獲選 2015 年南投縣文學家，2020 年埔里鎮立圖書館【第 13 屆駐館作家】，榮獲教育部文藝創作獎、華航旅行文學獎等多項文學獎。已出版《殘霞與心焚的夜燈如舊》、《儒道思想與巫文化》、《勞思光韋齋詩存述解新編》、《燒炭紀》等書。

## 提　要

中國的書院教育，乃以文化人物的培養為宗旨，不僅代表了宋元明清歷代學術思潮的重鎮，更奠定了長達千年的歷史積澱，儼然成為中國大學精神的典範。一方面因應時局與學術思潮，開展為理學、經術、經世、版本、考據、史學等眾多學術範疇，影響甚巨；再者更往下紮根，形成民間教育的啟蒙運動，塑造多元學風與舉足輕重的人文學區。

書院思想著重文化人格的健全視觀，本文乃由教育哲學的原理，通過「基源問題」研究法進行探勘，揭示書院教育的認知取向，以及價值判斷上的規準，分別就「人統」、「學統」與「事統」三大理念與系統，作為整體闡述與案斷。

本文採行【書院學案】的體例，疏通書院教育中兼具「傳習」與「傳播」

的型態進行分析。特別是與宋代以後中國學術以及思想史的開展，以及影響書院制度面的設計與組織，包括經濟獨立以及社會傳播的網絡規劃。對於參照西方大學之理念，以及如何形塑文化人格的陶鑄與傳統，深信對於現今的教育改革與學風的啟示，應可無遠弗屆。

## 目　次

### 上　冊

意象師的腳蹤──【紫荊書院】三十週年誌

## 下　冊

# 第二三冊　入《壇經》注

## 作者簡介

　　馮天春，男，雲南普洱人，哲學博士，現就職於雲南省社會科學院宗教研究所，主要研究中華經典詮釋學、佛道教哲學、心理學。擅長將佛教禪修技術、道家性命之學與現代心理學融合，解決心智成長與身心問題。同時，致力於中華傳統文化與養生、睡眠、心靈養護等領域的研訓、抒寫，提倡和實踐「中華經典深度閱讀」。目前主持國家社科基金項目《雲南禪宗史》，完成著作《藏漢佛教修道次第比較研究》《禪蹤》《禪茶文獻閒錄》《禪茶論典輯釋》等，另已發表學術論文二十餘篇。

## 提　要

　　本書從傳統禪修技術、現代心理學的綜合視野對《壇經》進行注解，歸納出了研學《壇經》乃至其餘中華經典的「經典五步研學法」，並重點整合、詮釋了《壇經》一直以來較為隱秘零散的十四種修道次第。作者並不將本注定位為真理、正解。人的經歷不同，業惑不同，視角及關注點不同，必然會導致不一樣的體驗、結論。此注所做的，不是描述自性或宣揚《壇經》理論，而是探討如何「走入」《壇經》，走入之後，因緣殊異，便是各自精彩的自性世界。

## 目　次

# 第二四冊　悲憫的跫音——南傳佛教人文關懷實踐研究

## 作者簡介

吳正榮，雲南省玉溪師範學院教授。出生於雲南省西雙版納小猛養，那傳說佛祖行腳傳法路過回頭望見的地方。曾寄養於傣族南傳佛教緬寺。禪宗少林寺曹洞宗第三十代「素」字輩俗家弟子。法號：海納。梵名：雅歌同塵。六祖惠能禪法心傳者。大禪心法（大智慧禪修頓悟見性修證）體系建構者。生命整合心理學學科研創者。超覺意象心理圖式分析整合技術（TEII）研發者。養福自我提升幸福諮詢課程體系建構者。養老與臨終關懷康養課程研創者。禪法與精神分析結合探尋解決抑鬱焦慮與睡眠障礙技術研創者，心理學本土化心性學操作技術的研修探索者。林泉聽客，心世觀者。言非所言，意在言外。此生唯覺，別無多餘。

## 提　要

本書稿為 2013 年度國家教育部規劃基金項目的最終成果。

書稿首先詳盡地梳理了南傳佛教人文關懷思想源流及實踐體系。在此基礎上，作者以自身理論優勢，與該領域內國際最先進的研究成果進行對話，吸取養分並建立了更廣闊的理論視野。之後，又結合自身的具體實踐運用，初步完成了南傳佛教人文關懷實踐方面的理論系統建構，以一部有研究、借鑒和參考價值的專著推出。

書稿內容可歸納為五大部分：

第一部分，緒論。主要以作者所提出的「大生命觀」來對「南傳佛教人文精神」進行詮釋、概述，並以之審視該領域的國內外研究現狀。

第二部分，第一、二、三章。主要內容是梳理原始佛教、部派佛教，乃至南傳佛教時期的人文關懷思想及實踐體系。

第三部分，第四、五、六、七章。以南傳佛教的人文關懷思想及實踐體系為視野，專題挖掘其生態觀、生命教育、心理療愈、幸福指數提升等內涵，以用之於當前社會，轉化為現實價值。

第四部分，第八、九、十章。結合雲南西雙版納的南傳佛教，來探討南傳佛教人文關懷實踐在雲南的具體體現，並深入分析其現代轉型中形成的新現象和面臨的新挑戰。

第五部分，結語。對南傳佛教的人文關懷實踐及其現代轉型進行總結、反思。

# 目　次

# 從太初到民國：中華文明發展歷程管窺（上）

劉斌　著

## 作者簡介

劉斌，男（1979～），山東鄒平人，師從著名學者龐樸、杜澤遜先生。主要研究方向為《論語》學史、儒家思想文化史。

## 提　要

　　本著作簡要敘述了從太初到民國中華文明歷史長河中自文明之初伏羲創制「六爻」至民國先賢考辨《論語》的系列學術課題。包括作為中華文明曙光後世極少探討的古六爻體系，文字發明以前結繩記事時代口耳相傳的文明載記手段，文字出現以後中華歷史學發蒙初期也即傳說中黃帝時代始見、處於中華早期文明最上端、後世《漢書・藝文志》所謂「左史記言右史記事」的太初史官制度 漢代以後一直以來為我中華民族奉為立身修德核心價值 儒家所謂「義」的內涵及相關歷史和意義世界，《論語》簡稱、四書流傳，民國《論語》考辨、海外中國學研究、作為傳統易象之新發展的「十二爻」新易象等十個部分，涉及文明曙光、文明創造、文明傳承、文化發展、價值考辨等多個方面的研究範圍和領域。

本著作為山東省二○○九年度社科規劃重點課題
「盛世君主與儒家思想關係研究」結項成果
（項目批准號 09BZXJ12）

獻給我的父親母親

# 與張富祥教授討論（代序）

　　文稿編訂成之後，曾呈請張富祥教授過目，富祥老師就書中內容提出不少意見和建議。茲逐一回覆如下。

1、陵陽河那個符號，解釋有十多種，多從唐蘭釋為「日火山」（以為「炅」字）；也有釋為「日月山」「日雲山」等形的，但較少。我以為中間的「火」指大火星，即火曆的指示星。此符號是否曾廣泛流傳於古代？以此為「圶」字，實在無從證明。再者，此為陶符，如何可稱「石經」之首？石刻起源很晚。且以陶符為「漢字之首」，概念亦不清（過去或說為「祖型」）。古刻符現在所見越來越多，良渚文化所見多至數百，已不止於陶符。

　　關於大汶口文化所見「日月山」結構的陶器刻符，我喜歡用「圶」號來稱呼。因為在六圶和八卦的意義上，「六圶」的「圶」正是中華文明最早、最初也最有價值的一個印記。

　　您提到的石經文獻之首的說法有欠恰當的問題，拙見一如嚴格來講竹書、帛書和紙質文獻現在都叫作書，陶器刻符在一個寬泛的意義上以石刻類文獻相稱也不為過。

　　另外所以用石經相稱，實是基於兩層意思：一者六圶與八卦都是伏羲的數術文化，既然關於後者的解釋文字為學界奉為經書，乃至以「群經之首」相稱，那麼關於「六圶」的文字如有傳世自然也當屬於經學文獻，雖然我們所知只有「圶」這一個字，但從文獻屬性上來分析無疑屬於「經」字而不是「傳」字（依照古文獻中關於「六圶」見於周王室生活的描述，商周時期有

屬於《六䇇》的經文存在和流傳也不是沒有可能）；二者「六䇇」的「䇇」見於大汶口文化陶器刻符，拋開陶片的「石質」屬性不說，其文最下部為連山造型，最初刻於山石之上亦未可知。所以我在沒有充分解釋的情況下徑用「石經文獻之首」來定位，本是期望同道中人能不用解釋而心領神會。

唐蘭先生是前輩考古學大家，在唐蘭先生看來，我們所提到的「䇇」號，屬於所謂「意符文字」。他說：「民族文字是和民族語言結合在一起的，所以最古老的、土生土長的民族文字，總是用圖畫方式的意符文字，因為看到這種文字的人，看圖識字，一下子就可以用他自己的語言讀出來。」儘管您和唐蘭先生一樣以「日火山」結構來釋讀也有道理，不過我並不十分同意這種看法。

仔細審視就會發現省略了山字旁的這一刻符橫向觀察正是「明」字之古寫，構型清晰，近乎無可懷疑。

其實自大汶口文化發掘至今，中華學界對於大汶口文化陶器刻符，特別是「䇇」號的興趣從未減退，只是種種解釋都不盡人意罷了。

而今，我們結合出土資料與文獻資料推證出大汶口文化陶器刻符即失傳數千年的「古六䇇」的「䇇」，一樁為中國學界追尋和追問了四十餘年的學術公案終於告破，其價值、意義可想而知。學術界再也不用為這一迷人又迷蒙的陶文符號勞心傷神了。因為她就是「六䇇」的「䇇」。代表著中國最古老的數術文化體系。想來以前的種種分析大約也都會慢慢地銷聲匿跡。考古報告早在上世紀 70 年代就給出了此一符號為早期階段文字的論定。所以，說她是「漢字之首」也不過在幾十年前結論的基礎上稍微向前推進了一小步。在「六䇇」早於「八卦」，比通常認為的代表著中華文明源頭的八卦符號體系更早或者說同步和同時的意義上，這種定位並不過份。

在文字學界，像裘錫圭先生，即認定此一符號跟古漢字似有其一脈相承的關係。只是裘先生沒有更進一步指出這個字就是古六䇇的「䇇」而已。

至如我們於古六䇇失傳兩三千年之後憑藉蛛絲馬跡的零星材料發掘和勾勒出其基本面貌，解開中華文化的千古謎題，是在學術界自會有其公論。這讓我想到先師關於「仁義禮智聖」的研究。

先師關於火曆的發明同樣震驚整個中文學界，是其最具代表性的創見之一。當年跟先師聊到火曆，他簡單提到用以標誌火曆的大火星距離地球很遠用肉眼很難看到，既然如此那麼這顆肉眼幾乎看不到的火星在我們的大汶口

陶器刻符中如何會比太陽還大出許多。因而，以之為大火星恐有問題。

至於您問及這一符號在古代是否有廣泛流傳，考古資料有限，現在看來很難給出準確答案。

2、「據說，唐朝曾出現過一種叫『時政記』的東西，便直接來源於時人對『左右史』傳統的嘉許。」時政記始創於武則天時，由宰相撰寫，是與起居注同等的原始史料，宋代又增加「樞密院時政記」，這還用「據說」嗎？唐宋時「左右史」實泛指起居郎、起居舍人。

歷來學術研究自稱專門，普及性較弱。行文如此不過是從文章越通俗易懂越好的角度考慮。就像我們史學界熟悉的「左史記言右史記事」的問題，其他專業的人可能就不是那麼熟悉，甚至連左史和右史的名字都沒有聽說過。

左史記傳言右史記時事這一論斷是本人早年學術研究中的一個發現。事在七八年之前。我想應該還是有道理。「沮誦」的「誦」明顯指向傳言、傳誦一類。另外《韓非子》中的那條材料應該說已經對我們的判定給出了充分的佐證。現今的史學研究分為古代史、近代史和現當代史可以說與遠古時期如出一轍。

以「史言」與「史書」並觀在學術史上有其特出的創新價值和意義。至少足以為近些年興起的「口述史學」提供足夠的理論支撐。從新世紀至於遙遠的將來，中華文明在新科技的幫助下，給出一套足以與二十六部正史比肩、基於口述材料編訂的新的正史體系也有可能。

3、您的「新易象」我完全不懂。另外諸圖沒有說明，如何「供研究使用」？

我四年前，也就是二零一五至二零一六年，完成了整個「新易象」體系的創造。

「新易象」是對傳統六十四卦卦象體系的一個突破。中國古代也有學者試圖突破傳統六十四卦體系，給出四千零九十六個六十四卦的重卦，但都沒能真正成功。包括六十四重卦在內的新易象體系較之舊有易象在價值上高出很多是毌庸諱言的。作為這個時代最富創新性的學術創造，「新易象」必將對我國文化文明事業的發展產生巨大的推動作用。

至於「新易象」如何使用，在乎讀者自己。比如您可以和十二個時辰結

合起來使用。您於易學演習亦深，想來十二畫易象的妙用慢慢亦能體會。

您還提到諸圖沒有說明的問題，事實上若是依照《周易》之例，由八個卦構成的新易圖僅卦名就需要一千六百多萬個漢字，現有漢字體系根本不夠使用。非得創造一種新文字體系方可。

另外，「易占」於周為盛，周代由周文、周武開創，取「文武之道未墜於地」之意，我準備將整個「新易象」體系命名為「文武易」或「斌易」，藉以表達對伏羲與周文二聖的尊重。亦以杜欺世盜名者「拿來主義」之亂行。

4、書中有些字的解釋，難以理解。如謂「多」之「夕」為「移」之本字，太奇怪了。常見的解釋，「夕」本為「月」，「宜」之初文乃俎上二肉之形，還有疑問嗎？說卜辭的「多父」「多母」「多介父」「多介母」「多兄」「多子」等，「多」字皆讀為「義」，聞所未聞。商無嫡庶，父輩皆稱父，諸父配偶皆稱母，故言「多」，怎會成為「義父」「義母」？

您在回信中提到說「有些字的解釋，難以理解。如謂『多』之『夕』為『移』之本字，太奇怪了」。其實並不奇怪。

《說文》中的古「宜」字，其核心部件正是「多少」的「多」。「多」的基礎構件是「夕」更是朗若白晝而不需證明的。您說的「夕」本為「月」，依我的分析屬於形近之誤，但誤讀久了常常也會約定俗成，就像我在文中指出的若孔子等大儒對於古漢字最早的意項也不見得很明晰一樣。古「明」字或寫作「目」「月」結構，儘管在「眼明心亮」的意義上不錯，但顯然沒有「懸象著明莫大乎日月」更為合適。

先師龐樸《說「仁」道「義」》一文，當年在學術界反響極大，區區在學問上實不敢望先師項背，彼此相去不啻千里萬里。但學術還是需要不斷進步，先師當年的研究也未見得就是不可疑的定論。

《書》中所及「多君」、「多臣」有其外族色彩，前輩大師早有注意，像李學勤先生。我也不過是在前輩大師的基礎上進一步的研究和探討。事實上即便在您所理解的所謂同一家族長幼皆論父子和母子的意義上，文中的結論也沒有太多問題。

關於「多君」，「多方」，「多士」，「眾士」等一類問題所及「多」與「眾」指向被征服國家的國君和民眾，據楊升南先生，甲骨文之「眾」多從被征服國民轉化而來。又，《爾雅》「庶，多也」，「多，眾也」。《逸周書》中有「庶

吏」一語，即指「諸侯國的隨從和官員」而言。是無論在嫡庶的意義上還是在楊升南先生所研究的甲骨文「眾」的意義上，「多方」、「多士」更多地或者說歷史地來看，首先屬於政治架構中的階層性概念。

5、大作文風自成一格，但感覺帶有文學散文的特點，有時過重藻飾，且多有「浮詞」。學術論文首先還是要求明白流暢，不必雕琢。如《四書的前世流轉》一文，其實是談漢唐間「四書學」的緣起和發展的，而總題及分題「一躋身官學」「二洗染玄風」「三走向新生」，雖皆甚為雅致，然都看不出時代和題旨，為什麼不能直白些？

早年舊作有這樣那樣的不足總是難免。不過我以為像「一躋身官學」「二洗染玄風」「三走向新生」這樣的題目在「漢唐」總體時間框架的框定下可以比較明白地給出其時代內容的指向。另外，書稿中的文字確有一些需要修改和完善的地方，有些內容還有待下一步展開。時間有限，姑且如此好了。

# 目

# 次

# 六爻：中國文明的源頭

我們中華民族自來以五千年文明史著稱於世。就有記載的歷史來看大約要追溯到伏羲時代。而就文化本身來說則非出現於八卦之前的六爻莫屬。作為中華文明最為神秘的古老數術分支，六爻的出現為包括《連山》、《歸藏》、《周易》在內的整個上古中國傳統文化投下了第一縷絢麗初曙。

## 一、漢字之首

傳統上，人們大多認為中國文化真正的起點是八卦。《周易》比《尚書》更早，代表了最早的中華文明。這自然沒有錯誤，但在八卦之前，還有一種更為神秘的文化體系，叫作六爻。

家師龐樸曾對六爻有過專門的研究。指出：「起初，八卦是用『一、二、三、四、五、六、七、八』這幾個數字來表示的。這種形式的八卦就是古代文獻所稱的『六爻』。」〔註1〕認為「六爻」是「八卦的一個發展階段」。對於六爻就是八卦的論斷，芮執儉先生認為：「如果說『六爻』就是『八卦』，同樣需要證明：古人為什麼把『六』當作『八』？『爻』當作『卦』？」〔註2〕

比家師略早包括更早一些的學者對六爻問題還有一些不同的觀點。或以六爻為六氣，指陰陽風雨晦明（何如璋），或以六爻為六法，指乾坤坎離艮兌（郭沫若、聞一多），或以六爻為六計（方以智）。

包括家師在內，前輩大師的觀點，各有道理，但事實上又都沒能解決六爻是什麼及其來龍去脈的問題。

---

〔註1〕龐樸：《中國文化十一講》，中華書局，2008，23頁。
〔註2〕芮執儉：《伏羲「六爻」考》，《管子學刊》2005年3期。

　　在學術界，這是一個至為複雜的問題。《管子・輕重戊》篇謂：「處戲作，造六峇，以迎陰陽，作九九之數，以合天道，而天下化之。」〔註3〕《輕重戊》的論事順序與《繫辭》論伏羲觀天文地理而創八卦一節近似，應非虛言，而是實有所本。

　　處戲也就是伏羲，中華民族的人文初祖，伏羲造六峇，而天下化之，至於六峇何所指，沒有明確交代。得人文始祖伏羲的庇祐，筆者倒是對這個數千年來懸而未決的問題有些自己的認識。

　　上世紀七十年代，大汶口文化遺址出土過一個原始文字，直到今天依舊光彩奪目，就是人們熟知的那個峇。這個距今五千年左右的陶器刻符，大汶口考古組認為已經屬於「早期階段的文字。」考古報告稱陵陽河所見這四個相同的符號：

　　　　都像太陽升起之形，太陽下面是雲氣，第一個還有巒峻的山峰。

　　　　原始時代，「日出而作，日入而息』」，太陽的升起，給人們以光明，

　　　　以溫暖，以時間的觀念。特別值得注意的是，峇字在兩個遺址三件

　　　　器物上重出，表示它已經不是偶然出現的東西了。〔註4〕

　　依我的拙見，峇就是「六峇」的「峇」。

　　「峇」最早的字形我們不得而知。《說文解字》當中沒有收錄。字從企從山，山在上，企在下，羅振玉謂「企」象人舉踵，蓋是舉踵眺望於群山山峰之頂上的意思。「峰」字或作「峯」，正是高山之上的意思。《輕重戊》謂「周人之王，循六峇，合陰陽」〔註5〕，以六峇中「峇」的山字旁上接陰陽日月，正是峇。所以我們認定：

　　峇就是六峇的峇。

　　據說伏羲生活於今甘肅天水，畫八卦的地方在山上，謂之畫卦臺。六峇也是伏羲的創造，文字寫作峇，可以說理所當然，較之周「易」的「易」似乎更能道出古人的秘密。山中一人，止於至善。正是對伏羲人祖福澤蒼生的價值肯定。司馬遷《太史公自序》說「伏羲至純厚，作《易》八卦」〔註6〕，定非虛言。

〔註3〕馬非百：《管子輕重篇新詮》，中華書局，1979，687 頁。

〔註4〕山東省文物管理處、濟南市博物館編：《大汶口新石器時代墓葬發掘報告》，文物出版社，1974，117 頁。

〔註5〕馬非百：《管子輕重篇新詮》，中華書局，1979，687 頁。

〔註6〕司馬遷：《史記》，中華書局，1959，3299 頁。

&#x24D4;有的時候也寫作 &#x24D4;，正是大易的「易」，《說文》中說「日月為易」，《易》謂「懸象著明莫大乎日月」，正是古訓。

古人有刻石經以保存文獻的傳統，漢代以來陸陸續續刻成許多。像漢熹平石經、魏三體石經、唐石經、蜀石經、宋臨安石經等等，太炎先生說「東序密寶，天祿河圖之亞」〔註7〕。如果說後世石經文獻稱得上天祿河圖之亞，那麼陵陽河所見大汶口文化刻符無疑是真正的「大道之源」，稱得上中華「石經」文獻之首。

後世易學的發展經歷了三個階段。《周禮》謂大卜：「（掌）三《易》之法，一曰《連山》，二曰《歸藏》，三曰《周易》。其經卦皆八，其別皆六十有四。」〔註8〕古書說：「庖犧氏作八卦，神農重之為六十四卦，黃帝、堯、舜引而伸之。至夏人因炎帝曰《連山》，殷人因黃帝曰《歸藏》，文王廣六十四卦，著九六之爻，謂之《周易》。」〔註9〕三易發展是否與神農和黃帝有關我們不想過多討論，但是伏羲之後，八卦體系慢慢發展為連山、歸藏和周易三個前後相繼的不同體系，在學術脈絡上基本不錯。

細看&#x24D4;字可以發現「山月日」的文字結構，居然與後世三易發展的歷史脈絡有以暗合。而且與易象事物發展自下而上的內在邏輯完全一致。底部的山形結構足以象徵連山，中間似雲似月的構型代表著歸藏，頂部的太陽造型為周易。

《周易》尚陽人所共知。「易」與「昜」字形結構極為相似，在遠古時期或者本即一字。《說文》：「昜，日出也。」「陽，高明也，從阜昜聲。」在古聲韻上，易昜二者，同為喻母字，一個錫部，一個陽部，陽入對轉，可以通假，所以甲骨學界有的學者徑直認定「易」、「昜」為同一個字。《易經》有「大明終始」的話，大明說的應該就是太陽，所以最早的《周易》可能就是&#x24D4;頂部的太陽。

&#x24D4;字中間部分或為下弦月的象形。同太陽相比，夜幕降臨月亮升起萬物歸藏。太陽每天升起，周而復始，謂之周易；月亮每月流轉，若婦人歸，謂之歸藏。

〔註7〕《章太炎全集七》，上海人民出版社，1995，486 頁。

〔註8〕《十三經注疏》整理委員會整理，李學勤主編：《十三經注疏·周禮注疏（上、下）》，北京大學出版社，1999，637～638 頁。

〔註9〕《帝王世紀》，〔晉〕皇甫謐《二十五別史》，齊魯書社，2000，003 頁。

大易文化是中華文化的根系所在。在六⿳日月山、連山、歸藏和周易的意義上，⿳日月山字稱得上當之無愧的大道之源，漢字之首。

## 二、一脈相承

時間上，六⿳日月山的出現可能比八卦還要早。中國文化的初曙不是八卦，而是六⿳日月山。二者一個可能出現於早期，一個可能出現得略晚。

六⿳日月山的⿳日月山，高山之上，日月同輝。《周易》謂「日月之道，貞明者也。」《帝王世紀》說：「（伏羲）未有所因，東方主春，象日之明，是稱太昊。」〔註 10〕所因的「因」即婚「姻」的「姻」。未曾婚配的伏羲在東方世界太陽一般耀眼，因此被稱作太昊，昊者明也。所以光明朗照的六岦很可能是他的早年創製。

與六⿳日月山不同，八卦應該是伏羲婚配以後的創造。《白虎通》講到伏羲的名號，說：「因夫婦，正五行，始定人道。畫八卦以治（天）下。（天）下伏而化之，故謂之伏羲」。〔註 11〕顯然，伏羲畫八卦可能是在婚配以後。

因為人生階段和經歷的原因，兩種數術體系頗有其不同。

僅在觀察事物的角度上就有向上與向下的區別。《周易》謂：「仰則觀象於天，俯則觀法於地，觀鳥獸之文，與地之宜，近取諸身，遠取諸物，於是始作八卦。」與《周易》天地同觀、視角向下不同，六⿳日月山，自高山而明月而太陽，向上觀察的特點十分明顯。所觀不同，所見自異，所以兩者有六與八的差別。

不過，作為同一個人的創造，兩者之間自有其一脈相承。

首先就價值追求而言，伏羲從未放棄過他對光明的追求。所謂「日往則月來，月往則日來，日月相推而明生焉」，「法象莫大乎天地，變通莫大乎四時，懸象著明莫大乎日月」。可見與六⿳日月山一樣，八卦也崇尚光明。

其次就運用機制來說，兩種不同的數術體系也有某種天然的聯繫。這主要體現在易對六的尊重和繼承上。「《易》之為書也不可遠，為道也屢遷，變動不居，周流六虛。」「六畫而成卦」，「六位而成章」。「時乘六龍以御天。」所有這些都透露出八卦和更早些時候的六⿳日月山之間確定存在著某種特殊的聯繫。

---

〔註 10〕《帝王世紀》，〔晉〕皇甫謐《二十五別史》，齊魯書社，2000，002 頁。張居正《通鑒直解》謂太昊伏羲氏「有聖德，像明之明，故曰太昊」（《三皇紀》）。校之舊籍有其演繹，實則昊者太陽之謂也。

〔註 11〕〔清〕陳立：《白虎通疏證》，中華書局，1994，51 頁。

再從傳承手段上來看，六爻和八卦兩大數術體系都深刻烙印著結繩記事時代的歷史印記。作為大道之源五經之首的《易經》，無論是「八卦」之名，還是「繫辭」之稱，皆有著某種結繩記事時代的突出特徵。《易緯》云：「卦者掛也，言懸掛物象，以示於人。」〔註12〕「繫辭」的「繫」，孔穎達曰「音為係」，又曰「繫屬」也。繫〔註13〕也好，卦也好，顯然都是結繩時代的歷史孑遺。爻所以讀如繫，應該也非偶然，而是六爻同樣經結繩時代發展而來的古老歷史記憶。

需要補充說明的是，作為中華文明最早發軔期的兩大文化系統，六爻和八卦的這些異同，對中華文化的後世發展產生了至為深遠的影響。

從結繩記事傳承文明的共同特點來看，這種繫物記事的古老傳統經由遠古和夏商時期的發展，至於周朝結構出了人所共知的編年體史書，成為中華民族記錄歷史、傳承文明的主流方式之一。其中尤以《左傳》最具代表性。《左傳》中大量記錄的占筮案例，是其明顯受到大易文化影響的直接說明。《左傳》中韓宣子聘魯見《易象》與《魯春秋》歎周禮盡在魯的故事，多為史家所稱道。實則，於古史之意猶有未見。章學誠道六經皆史，固然不錯，但不免有其誇誕。在六爻的意義上，我們說，六爻作為中國大易文化的源頭本是古天文曆法，而曆法的本質就是依時敘事，這才是中國史學真正的本質。繫詞繫事也只是形式，記時明事才是真諦，二十四史無非古曆。

再從運用機制尚六的共同特點來看，這種六畫成章的模式與架構，經由漫長歷史歲月的淘洗，居然也在雜多數字體系的衝擊中生存了下來，浸潤於後世中國的道德文明和政治文明之中。《郭店楚簡·六德》中「三法、六德、十二貫」的文字與《周易》「兼三才而兩之故曰六」的記述頗為相似。更為重要的是，作為漢字之首，「爻」錄事成文之途，與結繩記事之法，本質上本無二致，都是某種現象或某件事情的記號而已，而這事實上給出了結構漢字的基本法門。上論漢字之源，正在記號這裡。作為六爻的隔代迴響，繫詞厚重

〔註12〕《十三經注疏》整理委員會整理，李學勤主編：《十三經注疏·周易正義》，北京大學出版社，1999，1頁。

〔註13〕繫，讀如繼。《帛書周易·繫辭》：「係之者善也，成之者生也。」係字今本作繼。古音繼、繫、系完全相同。今本《周易》「一陰一陽之謂道，繼之者善也，成之者性也」，當為「繫」，也即「繫辭」的「繫」，孔穎達所謂繫（係）屬的繫。言夫婦之道繫之以善，勸人向善之意。《漢語大字典》「繫」注「xì」，何九盈《古韻通曉》讀「jì」，當以後者為準。

華美，傳誦千年而經久不息，絕非偶然。有其實始能就其事，無其實不過費文字。

就價值追求上嚮往光明的共同特點來看，六爻八卦對光明的尊崇在作為傳統文化共同資源的六經中得到了很好的繼承和發展。《尚書》贊帝堯：「允恭克讓，光被四表，格於上下。克明俊德，以親九族。九族既睦，平章百姓。百姓昭明，協和萬邦。」〔註14〕《大學》論官方教育：「大學之道，在明明德。」周人談治國理政：「六衛：一明仁懷恕，二明智設謀，三明武攝勇，四明才攝士，五明藝法官，六明命攝政。」〔註15〕「至治馨香，感於神明。黍稷非馨，明德惟馨。」〔註16〕所有推重明德治國的文字，一定程度上都是六爻和八卦文化的文明印記。哲學云者明慧而已，光明正是哲學的最高追求，也是六爻的基本要義。

我們說，史學也好，文學也好，哲學也好，作為中華文明基本學術構成其大根脈所繫皆在六爻。

當然，六爻與八卦在觀察視角上的不同在傳統文化的長河中也投下了某種深深的陰影。《周易》「載鬼一車」，《墨子》有「明鬼」之論，皆為傳統文化「暗而不彰」「不明而晦」的具體表現。至於字書以蜥蜴解釋《周易》近於污蔑，更是天日蒙污，令人羞愧。

## 三、大明重光

六爻與八卦的分歧，與被創造之時所處的伏羲的不同人生階段直接相關。從陽光少年到成年男子，從純陽之軀到鸞鳳和鳴，伏羲對天地宇宙的看法不免會有所變化。

由此及於整個大易體系，從《六爻》到《連山》到《歸藏》再到《周易》，整個中華文化呈現出從純陽到崇陽，從崇陽到尚陰，從尚陰到崇陽而尚陰的流轉變化。當然從另一個方面來說，這種變化的出現也是氣運流轉、時光變幻使然。

依照凌陽河所見「岦」號的兩個寫法，爻、乊，我們推定甚古之初，這個「岦」號最早所指正是一輪冉冉升起的太陽，或者只是一個表徵太陽的〇，

---

〔註14〕《十三經注疏》整理委員會整理，李學勤主編：《十三經注疏・尚書正義》，
　　　　北京大學出版社，1999，27頁。

〔註15〕黃懷信：《逸周書校補注譯》，西北大學出版社，1995，98頁。

〔註16〕《十三經注疏》整理委員會整理，李學勤主編：《十三經注疏・尚書正義》，
　　　　北京大學出版社，1999，491頁。

凌陽河所見 ꝏ〔註17〕字，像太陽飛昇，當即爻的實指。所以六爻天然的為純陽之法。

據說《連山》易以少陽為用，少陽即純陽，應該是直接繼承了六爻的純陽基因。據馬國翰輯本《連山》，傳本《周易‧說卦傳》中「帝出乎震，齊乎巽，相見乎離，致役乎坤，說言乎兌，戰乎乾，勞乎坎，成言乎艮」一節，干寶《周禮注》、羅泌《路史》皆謂係《連山》。拙見，《說卦傳》：

> 萬物「出乎震」，震，東方也。齊乎巽，巽，東南也。齊也者，言萬物之絜齊也。離也者，明也，萬物皆相見，南方之卦也。聖人南面而聽天下，嚮明而治，蓋取諸此也。坤也者，地也，萬物皆致養焉，故曰致役乎坤。兌，正秋也，萬物之所說也，故曰說言乎兌。戰乎乾。乾，西北之卦也，言陰陽相薄也。坎者，水也，正北方之卦也，勞卦也，萬物之所歸也，故曰勞乎坎。艮，東北之卦也，萬物之所成終而所成始也，故曰成言乎艮。神也者，妙萬物而為言者也。動萬物者，莫疾乎雷。橈萬物者，莫疾乎風。燥萬物者，莫熯乎火。說萬物者，莫說乎澤。潤萬物者，莫潤乎水。終萬物始萬物者，莫盛乎艮。故水火不相逮，雷風不相悖，山澤通氣，然後能變化，既成萬物也。〔註18〕

其中明神一節講山澤通氣然後能變化而成萬物，去乾坤而歸於艮，正是《連山》。所謂「終萬物始萬物者莫盛乎艮」是其磐石之證。尤其需要指出的是論及八卦體系，《說卦傳》這段文字獨於離卦著墨最多，謂：「離也者，明也，萬物皆相見，南方之卦也。聖人南面而聽天下，嚮明而治，蓋取諸此也。」聖人南面，嚮明而治，以明德自期，以天下相許，《連山》崇陽不言而喻。

與《連山》相比，《歸藏》以坤為首，奉少陰，為尚陰體系。《禮記》載孔子之言說：「我欲觀殷道，是故之宋，而不足徵也，吾得《坤乾》焉。」〔註19〕注謂：「得殷陰陽之書，其書存者有《歸藏》。」羅泌曰：「黃帝正坤、乾，分離、坎，倚象衍數以成一代之宜。謂土為祥，乃重坤以為首，所謂歸藏易也。」「又

---

〔註17〕《周易》有陽卦「一君而二民」之說，或亦與此相關，太陽下的結構或為兩輪相互接續的下弦月。

〔註18〕《十三經注疏》整理委員會整理，李學勤主編：《十三經注疏‧周易正義》，北京大學出版社，1999，327～329頁。

〔註19〕《十三經注疏》整理委員會整理，李學勤主編：《十三經注疏‧禮記正義（上、中、下）》，北京大學出版社，1999，664頁。

曰歸藏用八。」〔註20〕先賢論曰：「連山、歸藏以靜為占，故爻稱七八。七八者少陰少陽之數也。陰陽之少虛而未盈，故靜而不變。」〔註21〕自連山而歸藏，易道自崇陽而奉陰，蓋與殷革夏命，代夏之政有關。

周代立國，兼用三代之易，《周易》自身也呈現出某種崇陽而尚陰的特點。一方面以乾為首，正《歸藏》之序，強調「日月相推而明生焉」，另一方面又謂大人者與天地合其德，「與鬼神合其吉凶」，明言「立天之道曰陰與陽」，妄稱「日月運行，一寒一暑」，乃有天陰而地陽，日寒而月暑，鬼吉而神凶的暗示。乃至生出「幽明」之論：「仰以觀於天文，俯以觀於地理。是故知幽明之故。」幽者，因也。《史記・五帝本紀》：「幽明之占，死生之說。」〔註22〕楊雄《太玄》：「終始幽明，表贊神靈。」〔註23〕幽明者，因明也，大約正是《周易》對天與地、陽與陰的態度。所有這些可能都是受到《歸藏》影響的結果。西周以服事殷數百年之久，《周易》注定會受到殷商易的影響。

於是，自六爻純陽之法，到連山承純陽而崇陽，歸藏改崇陽為尚陰，再到周易崇陽而尚陰，遠古中華文明的核心文化體系自伏羲而周文，世歷遠古，人經三代，完成了某種獨特的陰陽流轉式的演進。

值得注意的是，《周易》中有「大明」一語，《歸藏》卦中有「大明」，《連山》雖以艮卦終始，但於《離》卦「萬物相見、嚮明而治」之旨大為激賞，再結合六爻獨特鮮明的文字構型，我們大膽推測：

「大明」即後世《易》學文獻中所保存的古六爻之名。

六爻即大明。

伏羲觀太陽之運行，悟時間之腳步，於太陽運行之變化結繩以為記，明其跡象，論其時事，遂創成六位輪轉的原始太陽曆法，兼以推論天地之事，是為大明。〔註24〕主以六位時成之法，後世因以謂之六爻。其理為大《易》所繼，是以六龍御天〔註25〕，其象為《尚書》所承，謂之明德；其法為《春

---

〔註20〕馬國翰：《玉函山房輯佚書・歸藏》，清光緒九年癸未長沙娜嬛館補校刻本。

〔註21〕馬國翰：《玉函山房輯佚書・連山》，清光緒九年癸未長沙娜嬛館補校刻本。

〔註22〕司馬遷：《史記》，中華書局，1959，6頁。

〔註23〕楊雄：《太玄》，中華書局，1998，189頁。

〔註24〕漢代著述《世本》稱：「羲和作占日，恒羲作占月，後益作占歲。」蓋即伏羲六爻的流緒。

〔註25〕古書記載劉姓初祖劉累為御龍氏。作為龍的傳人，為更好的接續和弘揚中華文明，我們為中華古六爻取名「劉爻」。

秋》所傳，號曰繫年。影響所及，浸潤播散植根於中國之道統、政統和學統。

「大道之行也，與三代之英」，小子何幸，有見於古六岙真容。

中國文化儒釋道並存，哲文史兼備，素以《周易》為經學之首。即以古籍來看，六岙的文明史地位實不容忽視，其字華美，其法甚古，其德尚明，後世六經，若大《易》之緒，《周禮》《詩經》之文，《書》與《春秋》，皆與六岙有以相契。

六岙即中華文明的源頭所在。

# 史言：一種比文字更早的史記類型——
## 關於「左史記言右史記事」

　　源遠流長的史學傳統素為中華兒女所驕傲。《史記》垂經典之文，《尚書》
傳久遠之事；馬遷創紀傳之體，班固為斷代之師；正史卷帙浩繁，別史光華
璀璨；官修代代相繼，私撰歲歲有之；漁仲以會通著稱，曉徵借考據名世；
實齋令人側目，任公自成傳奇：凡此種種，數不勝數。可就是在這一極自信
的文化分支內，至於今日，仍有一個懸而未決又關係極大的難題——古所謂
「左史記言右史記事」的問題，讓人雲裏霧裏、困惑不已。

　　《漢書・藝文志》謂：「古之王者世有史官。君舉必書，所以慎言行，昭
法式也。左史記言，右史記事，事為《春秋》，言為《尚書》，帝王靡不同之。」
較之稍早一些的《禮記・玉藻》篇謂「動則左史書之，言則右史書之」。左還
是右，言還是事，問題剛一出場，便讓人不明就裏無所從適。但因其同中國
史學的源出相關緊密，所以，漢代以來的中國學人對此做了大量探討和分析。
熊安生、劉知幾、孔穎達、章學誠、錢穆、徐復觀、金景芳、余英時等古今
學人都曾有過專門的考述。他們或以空間說左右，如熊安生，或以陰陽說左
右，如孔穎達；或信其有而引申論述，如蔡元培、錢穆、余英時，或言其無
而黜虛就實，如徐復觀、金景芳、俞志慧；或有疑而設為彌縫，如寫作《史
通》的劉知幾，或存疑而大加指斥，如章學誠的《文史通義》。〔註1〕

〔註1〕人物觀點分別見於以下材料：孫希旦《禮記集解》引語；孔穎達《〈杜預春秋
　　　序〉正義》；蔡元培《〈新聞學大意〉・序》，高平叔主編《蔡元培全集・第三卷》，
　　　中華書局1984年版，第189～190頁；錢穆《中國史學名著》，三聯書店2000
　　　年版，第41～46頁；余英時《章實齋與柯林伍德的歷史思想——中西歷史哲

－11－

　　事實上，無論有無，談中國史學史，「左史記言右史記事」所昭示的上古史官分工問題都如高懸雲外的山峰一般，是行走山下的學人，特別是研史、撰史者，揮之不去的眷戀。

## 一、傳言與時事

　　同大多數學人相近，筆者也相信上古時期確實存在著記言記事的左右史分工。畢竟《漢書・藝文志》和《禮記・玉藻》篇雖「左」「右」顛倒，但在書言、記事（動）的分工上實大體相同，可以說是言之鑿鑿。如果我們承認二者所涉及的是同一問題，那麼，基本上可以斷定，成書時間有所前後〔註2〕的這兩種文獻在有關上古時期左右史職責分工的表達上，當有某種互訓的關係。《漢志》所謂「記」，也便《玉藻》所謂「書」，《玉藻》所謂「動」也便《漢志》所謂「事」。又「左」「右」分工固然不同，職分「左」「右」則無二致。書之於記，容易理解；動之於事，亦不難把握；左之於右，更是常識。如此一來，弄清問題的關鍵便集中在了對「言」與「事」的理解上。

　　既往的研究大都是在言語和事件的意義上來理解。如劉起釪先生便說：「『記事』的成果，是成年累月積累下來的所記錄的『大事記』，後世看到的就是僥幸存下來的《春秋》和晉代出土的《竹書紀年》。『記言』的成果，是講話記錄或文告等，後世能看到的只有僥幸存下來的《尚書》和《逸周書》中的寥寥幾篇。」〔註3〕這固然不差。「物有本末，事有始終」（《禮記・大學》），「果有言邪？其未嘗有言邪？」（《莊子・齊物論》）正是就言語和事件而言。但就像經學之學不好理解為學校的學，訓詁是否正確，要看解釋起來是否妥帖。以言語和事件（或者行動）來看待記言記事的分工便即如此，前人早已發現如此解釋義實齟齬。俞志慧先生曾有如此的設問：「蓋舉事之時

---

學的一點比較・（二）史學中言與事之合一》，載氏著《余英時文集・第一卷：史學、史家與時代》，廣西師範大學出版社 2004 年版，第 156 頁；徐復觀《原史——由宗教通向人文的史學的成立》，《兩漢思想史》第三卷，華東師範大學出版社 2001 年版，第 139 頁；金景芳「左史記言，右史記事，事為春秋，言為尚書」讞言發覆》，1981 年 10 月《史學集刊復刊號》；俞志慧《回到常識：關於國學研究的一種方法論的思考》，《國學研究》第 16 卷，第 130 頁；劉知幾《史通》，《載言》、《史官建置》、《六家》；章學誠《文史通義・書教上》。

〔註2〕據張磊先生考證《玉藻》篇成書在戰國中前期。參見其《〈禮記・玉藻〉研究》一文，載《齊魯文化研究》第八輯。

〔註3〕劉起釪：《尚書學史》，中華書局 1989 年版，第 4 頁。

每每有言，所出之言又往往與事緊密聯繫，準此，二位史官如何能夠做到各司其職？」〔註4〕

現在來看，這樣理解確有問題。所以章學誠才會近乎咆哮地宣稱：「夫《春秋》不能捨傳而空存其事目，則左氏所記之言，不啻千萬矣。《尚書》典謨之篇，記事而言亦具焉；訓誥之篇，記言而事亦見焉。古人事見於言，言以為事，未嘗分事言為二物也！」（《文史通義·書教上》）糾葛不已的學術史紛爭說明，沿用言語、事件的舊訓來探究此一課題，注定要繼續糾葛下去。

既然有問題，就不能執迷不悟。必須拋棄舊訓、折返迷途，再求新解，另尋出路。李白說「天地者，萬物之逆旅，百代者，光陰之過客」（《春夜宴桃李園序》）。天地乃萬物之征途，光陰實百代之寂旅，萬物之路在天地，歷史之路在時日。史官分工，固然可能會根據人類行為的面向差異來區而別之，一如前人所曲解的專司言語和分管記事那樣，各管一攤，專職專事；也有可能，在這一特殊的職官領域內，根據時間指向的不同來區分不同的職事。這大體涉及到依照自然規則還是人類標準來設官分職的問題。現在來看，進化論雖不絕對，但就人類來說，文明層次確實存在一個逐步累積和進步的問題。茹毛飲血時期，人類同鳥獸一樣更多的是依照自然規則來行事，職官設立也是如此。「昔者黃帝氏以雲紀，故為雲師而雲名。炎帝氏以火紀，故為火師而火名。共工氏以水紀，故為水師而水名。大皞氏以龍紀，故為龍師而龍名。」（《左傳·昭公十七年》）雲師雲名，火師火名，水師水名，龍師龍名，春秋末期的貴族郯子對上古之時各個部落依照自然規則設官建職的往事依舊了然於胸，能從容不迫地宣之於口折服諸侯，包括博學多能的大儒孔丘。後來，人類文明程度漸高，開始越來越多地依照自身標準來制定規則安排生活。《禮記·大學》有所謂絜矩之道，強調：「所惡於上毋以使下；所惡於下毋以事上；所惡於前，毋已先後；所惡於後，毋以從前；所惡於右，毋以交於左；所惡於左，毋以交於右。」不過自然規則依舊給力。弱肉強食，成王敗寇，這是力量原則；「先入咸陽者王之」（《史記·酈生陸賈列傳》），這是速度原則；嫡長子繼承，傳位以長，此為時間法則；「三分天下有其二」（《論語·泰伯》），說的是空間法則。學人皆謂左右史職其出久遠，那麼推測作為上古職官設計的左右史同樣根據自然規則設計和設立，自也合情合理。至少左之於右，便

〔註4〕俞志慧：《回到常識：關於國學研究的一種方法論的思考》，《國學研究》第16卷，第130頁。

是明顯的空間原則的呈示。《尚書·皋陶謨》有「予欲左右有民，汝翼」（《古文尚書·益稷》）的話，足見「左」「右」分別其出甚古。

其實前人的思路也不是一無可取。那就是，儘管以「言語」「事件」來安排左右史分工頗有齟齬不甚合適，但執著於言事二者的相對來訓詁確有其道理，因為這本是由左右相對的語境結構前定和給出的。《老子》說「吉事尚左，凶事尚右」，左之與右若吉之與凶，可見在古人的思想世界裏，左右二者明白無誤地是一對反義詞，相反想成，若「有無相生，難易相成，長短相形，高下相盈」。大約「言」之與「事」也當有這樣一種相反相成的關係，才襯得上古人確定不移的對稱性描述。

文獻資料顯示，「言」「事」二者，除了世人常常以為地那樣存在所謂語言和行動的虛假對立外，還存在一種實有的基於時間屬性和具體語境的前後差別。請看下面的例子：

上古之傳言，《春秋》所記，犯法為逆以成大奸者，未嘗不從尊貴之臣也。（《韓非子·備內》）

辨三酒之物，一曰事酒，二曰昔酒，三曰清酒。（《周禮·天官·酒正》）

人求多聞，時惟建事，學於古訓，乃有獲。事不師古，以克永世，匪說攸聞。（《尚書·說命下》）

度之天神，則非祥也。比之地物，則非義也。類之民則，則非仁也。方之時動，則非順也。咨之前訓，則非正也。觀之《詩》《書》，與民之憲言，則皆亡王之為也。（《國語·周語下》）

及至文、武，各當時而立法，因事而制禮；禮法以時而定，制令各順其宜，兵甲器備各便其用。臣故曰：「治世不一道，便國不必法古。」（《商君書·更法》）

是以聖人不期修古，不法常可，論世之事，因為之備。（《韓非·五蠹》）

第一條材料，「《春秋》所記」自然是指所記之事，以「上古之傳言，《春秋》所記」強調古往今來，正即舊即盛稱也是本文所專注的所謂「左史記言，右史記事，言為尚書，事為春秋」之義，而且明顯是在說傳言久遠、記事切近，言之與事存在一種古今差別，恰好可以提今攜古，涵蓋歷史。第二則材料，俞樾說「事酒者，謂臨事而釀也。三酒以新舊為次，《疏》謂昔酒久釀乃孰，清酒更久於昔，然則事酒最在前，其為新酒可知矣」（《群經平議·周官一》），事酒、昔酒對言，事酒為新酒、昔酒為舊酒，正可與上面「言」「事」

對比「事」者切近的分析相印證。第三則材料（雖自「偽書」，畢竟舊物）以
「古訓」救「時事」（《逸周書・常訓》有「行古志今，政之至也」一語，與
《書・說命》之言大同小異。），第四則材料用「時動」並「前訓」，第五則
材料談「當時」論「因事」，第六條材料重世事輕修古，皆古今對舉、前後對
稱，而且三四兩條皆以言訓屬舊、以事動為新。第四則材料有所謂憲言，與
《詩》《書》並觀，指既有之認知、固有之論析，亦與幾條材料所見的言舊事
新的思想背景吻合。

事實上，萬事萬物都有其或隱或顯或濃或淡的時空屬性。「大學之道，在
明明德，在新民，在止於至善」（《大學》），明新在先，至善在後。善只是善，
何來先後，但在具體的語境中，便有了先後。「君子無終食之間違仁，造次必
於是，顛沛必於是」（《論語・里仁》），「我欲仁，斯仁至矣」（《論語・述而》），
仁者愛人，仁便是愛，視之不見，大象無形，欲仁斯至，不分內外，可告子
偏說「仁，內也，非外也」（《孟子・告子章句上》），於是仁便有了一種表現
為地理分布的空間色彩。至善至仁如此，衣制同樣如此。「大道之行也，天下
為公。選賢與能，講信修睦。故人不獨親其親，不獨子其子，使老有所終，
壯有所用，幼有所長，矜寡孤獨廢疾者，皆有所養，男有分，女有歸。貨惡
其棄於地也，不必藏於己，力惡其不出於身也，不必為己。是故謀閉而不興，
盜竊亂賊而不作。故外戶而不閉，是謂大同。今大道既隱，天下為家。各親
其親，各子其子，貨力為己。大人世及以為禮，城郭溝池以為固，禮義以為
紀，以正君臣，以篤父子，以睦兄弟，以和夫婦，以設制度，以立田里，以
賢勇知，以功為己。故謀用是作，而兵由此起。禹、湯、文、武、成王、周
公，由此其選也。此六君子者，未有不謹於禮者也。以著其義，以考其信。
著有過，刑仁講讓，示民有常。有不由此者，在埶者去，眾以為殃。是謂小
康。」（《禮記・禮運》）總之，恰是因為事物本有或隱或顯的時空底色，所以，
時間和空間才能成為規範和指導人類生活的兩大自然準則。

言、事二字本有相當的時間色彩，而且同時出現時，常常會呈現或前或
後的傾向。就像大學之道所欲止的「至善」，同人性之初所謂「本善」，明顯
地或前或後、可前可後一樣，言和事本也是如此，而且這一特點更為鮮明和
突出：「舊言之擇，新言之念」（輯本《歸藏・齊母經》）；「前事之不忘，後事
之師」（《戰國策・趙一》）。在古人的思想世界裏，言有新有舊，事可前可後，
兩者均有作為歲月代稱的潛質。恰因有如此卓異之稟賦，所以也就初步具備

了作為自然準則借時間指向來指導人類生活，包括用為標準區分具體職事的能力。所謂前事不忘後事之師，正是一種基於時間的，藉重於「事」之內在品格的生活經驗的總結。雖說可前可後，不過，當同時出現的時候，便如上列第一、三、四條材料所提到的傳言之於《春秋》所記（事），古訓之於時事，前訓之於時動，二者往往會呈現出一種言先而事後的景致。《論語·里仁》：「古者言之不出，恥躬之不逮也。」《韓非·二柄》：「為人臣者陳而言，君以其言授之事，專以其事責其功。功當其事，事當其言，則賞；功不當其事，事不當其言，則罰。」又《說難》：「夫事以密成，語以敗泄。」都是例證。事實上，言和事，獨立使用的時候，也常常呈現或偏於先在或側重近今的不同傾向。「駟不及舌」（《論語·顏淵》），「無言不仇，無德不報」（《詩經·大雅·抑》），「白圭之玷，尚可磨也；斯言之玷，不可為也」，而現在國人還在津津有味地使用「有言在先」這一華人盡知全球通用的俗語，正說明，古往今來「言」之為物在時間趨向上確是偏於先在的，是典型的厚古薄今。相較之下，「事」則恰恰相反。「審時以舉事」（《管子·五輔》）；「世異則事異」、「事異則備變」（《韓非·五蠹》）；「隨時以舉事，因資而立功」（《韓非·喻老》）；「德立刑行，政成事時」（《左傳·宣十二年》）：典型地厚今薄古。

　　需要指出的是，人們使用言事二者時的不同傾向，並不僅僅是用語習慣的問題，而是來自廣泛深沉的心理積澱和厚重久遠的特定文化與歷史的支持。任一漢字，都是一種專門的文化，有其人文的內涵和自身的歷史。字義之由來，決不是心血來潮時的風發義氣，而是來自群體心理的積澱和長期的共同生活的累積。日月本是天象，日升月浮、壯觀瑰麗，日復一日、月復一月，相知久了，人們發現其講信重義、去來有數，可以律時，足資授歷，於是便不約而同地、甚或相約訂盟，以太陽紀時，借月亮製歷，天象的指稱遂多了律時的功能，日月遂成了春秋的知己時間的代詞。儒因文革而臭腐，因開放成志士，此是歲月洗禮留下的痕跡。理到南宋與天齊，至清中而有殺人義，皆由文化之期冀與心理之累積。紅花綠草、胡楊山棗，溪流山嶽、磚窯瓦舍，澗底遊魚、異域良駒，才子吟哦，佳人詠歌，凡此種種，只要是經由長期的歷史選擇流傳下來的，在當下或過去的人們生活中被普遍認可和使用的那些字詞，背後都有其綿長的歷史軌跡、豐富的文化記憶。足見字義詞義之類貌似僅僅是音訓義詁之事，實則其產生、發展、增損、流變，都有相應的歷史和文化背景的襄助。與左右史職相關的言、事二字，也是如此。

　　在上古，文字發明以前，語言本是傳遞群體記憶、保存部族歷史，承繼文化聲響、延續文明輝光的第一趟列車。當滿載著文化聲響與文明輝光的語言列車緩緩駛出，從一個部族到另一個部族，從一個世紀到另一個世紀，在世界範圍內以或慢或快、或高昂或幽咽的節奏和旋律演奏文明與文化之交響的時候，文字云者尚如倏然而來、忽然而去的清風一般難尋蹤跡，不曾如雲朵一般初具形制，更不曾如雨滴一般滋養大地。本土之內，倒是有些或大或小疙裏疙瘩的繩結在為先民服務，後人習慣上稱那個時代作結繩之世。章太炎說：「語言不齊，自結繩之世已然，倉頡離於草昧，蓋已二三千歲矣」〔註5〕。黃侃說：「昔結繩之世，無字而有聲與義。」〔註6〕筆者倒是更喜歡音明時代的稱呼。見於文字的人類智慧是文明，文字以前，形諸語音的人類智慧為音明，文字出現和使用後的歷史稱為文明歲月，而在此前很長時期裏，更多地是語言在代行文字的職事，所以應以音明時代來稱呼。所謂「三皇百世計神玄書」（《白虎通・五經・書契所始》），大約正是說那時的人們只能依靠神識和記憶寫無字天書。（清）嚴如熤《苗疆風俗考》說：「苗民不知文字，父子遞傳，以鼠、牛、虎、馬記年月，暗與曆書合」，「性善記，懼有忘，則結於繩」，「太古之意猶存」。看來，到了明清之際，有的部族仍在上演「計神玄書」的傳奇。音明時代（或者我們這裡還應該加一個「部落」），後世（或者說文明部族）表現思想、記述文明的文本並未出現，與之相對，只有「言本」，或者說「語本」，暨依靠口耳相傳的方式，借助聲音的編織、語言的累積，來傳承生活經驗、講述部族歷史的篇章段落和零言碎語。文字發明以後，所謂「言」「語」正有「言本」、「語本」一層意思在，其中那些短小精悍、意味雋永者，後世或謂之「諺」，正可同音明時代語言的角色和功用相印證。《尚書・舜典》「敷奏以言，明試以功，車服以庸」，劉勰稱「然則敷奏以言，即章表之義也；明試以功，即授爵之典也」（《文心雕龍・章表》），視敷奏之言如後世章表，彥和顯然是將其作「言本」材料來看待的。雖然後來人大約已經無從知曉四方諸侯面見舜帝時所陳言的內容，但敷奏之事約是實有，於是便以傳言的形式記述流傳了下來。進入文字時代以後，在口耳間流傳的，包括落實於文字的言本材料，仍是很多，在文字、文本自身的世界裏佔有相當的比重。所有

〔註5〕上海人民出版社編：《章太炎全集（七）》，上海，上海人民出版社，1999 年版，
　　　　第 162 頁。
〔註6〕黃侃：《黃侃國學文集》，中華書局 2006 年版，第 94 頁。

－17－

這些源於生活、見於文字的言明內容，我們統稱之為言本材料。若「先民有言，詢於芻蕘」(《詩經・大雅・生民之什・板》)、「人亦有言，靡哲不愚」(《詩經・大雅・蕩之什・抑》)，孔子所舉「人而無恆，不可以作巫醫」(《論語・子路》)的南人「言」，莊子所引「眾人重利，廉士重名，賢人尚志，聖人貴精」的「野語」(《莊子・刻意》)，韓非所援「為政猶沐也，雖有棄髮必為」之「古諺」(《韓非子・六反》)，萬章向孟子請教的所謂「人有言『至於禹而德衰，不傳於賢，而傳於子』」(《孟子・萬章章句上》)的流言，等等，都是。這些材料，或為人生智慧的總結，或為既往史事的描摹，內容上各種側重，但在形成文字以前大都經過了相當時間的流行和傳承過程，有著比較明確和統一的先在性特點。在海量的此類材料秉持其先在性的特點，受邀廁身於文本之內，而後同文獻一起在世人的生活中徘徊和遊走之後，本來只是口舌功能的「言」字便也自然不自然地增多了一層「先在性」內涵。於是相當程度上，將流行既久的言本材料記錄下來，便也成了記載古代史事的同義語。

如果說「言」的先在品格是言明時代的厚賜，那麼「事」的近今屬性則是文明時期的天意。中華文明，整體而言是一種農業文明。農事代替漁獵成為先民飲食之大計，是堯舜時代的故事。據信，大舜曾「耕歷山」「漁雷澤」(《史記・五帝本紀》)，與之同時的周人始祖棄更是生具慧根獨善芸植：「荏菽旆旆；禾役穟穟；麻麥幪幪；瓜瓞唪唪」(《詩・大雅・生民》)，後人如此追憶。時人分析，「事」字之成立正與耕植有關係：「(『事』的)形體中，一個重要的部件是『又』，代表農人的手；一個是『口』，代表土地上為了播種、插枝、栽秧挖的孔穴；另一個『丫』或『丨』代表植物，三個部件組合一起，反映了把作物種下地裏，也就是『蒔』的本字」，「《漢書・蒯通傳》集注引李奇：『東方人以物插地中為事。』」〔註7〕從文獻來看，如此分析不無道理。事之訓立(《莊子・天地》所謂「事心」即張載所謂「立心」)，正是對「植物地中」(段玉裁語)的直接描述。也有學者謂「事」字象田獵之網及搏取獸物之具(陳夢家)，又或謂其本指戎事(楊升南)。耕種也罷、漁獵也好，抑或戰事，這些同先民生活息息相關、為其高度關注的問題，生具與時俯仰的積極態度，作為對此類問題的傳神寫意，「事」之為字自然也不乏這種天生的氣質。其後由之引申出的諸如「政事」、「政令」、「祭事」、「職事」、「事業」、「事役」

〔註7〕夏淥：《釋『對』及一組與農業有關係的字》，《河南大學學報》1986 年第 2 期。

等亦皆如此。所以，直到今天，「有事」〔註8〕一語在國人的生活中仍是正在忙碌或者出現新情況新問題的習慣用語。《論語》中「季氏將有事於顓臾」一節正是其義。或謂「拘禮之人，不足與言事；制法之人，不足與論變」（《商君書·更法》），古人甚至認為事之為物就是變化一語的同意複指，這顯然切準了其當下存在、與時偕行，五光十色、萬紫千紅的時下脈徵。於此，我們倒想起了近世史上那些令人心痛的「九·一八事變」、「一·二八事變」、「華北事變」、「皖南事變」，令人激憤的「七·七事變」、「八·一三事變」、「西安事變」等等。所有這些都注定要成為史書編纂必須收錄的重大時事，而這大約也正是所謂「右史記事」的內容所指：即新近發生的國家大事。唐朝曾出現過一種叫「時政記」的東西，便直接來源於時人對「左右史」傳統的嘉許。說是「自永徽以後，左、右史雖得對仗承旨，仗下後謀議，皆不預聞。璹以為帝王謨訓，不可暫無紀述，若不宣自宰相，史官無從得書。乃表請仗下所言軍國政要，宰相一人專知撰錄，號為時政記，每月封送史館。宰相之撰時政記，自璹始也」（《舊唐書·姚璹傳》）。儘管當時對準的是「左史記言」的舊法，但在實際上則是接續了「右史記事」的心路（所謂「軍國政要」）。可以為我們有關事者時事指向近今的分析提供某種後世曲證。古所謂「結繩記事」的內容現下已經很難搞清，後世如大儒鄭玄也只能「事大大結其繩，事小小結其繩」（《周易正義》引）地點到為止。文字發明以後，記事工作得到了強有力的技術支撐，事鬼尚神、每事必卜的殷人，用心收藏其刻卜辭、記時事的龜甲獸骨，正是記事行為時尚化、制度化的文字佐證。殷周時期，占卜風行，卜辭所及包括某些專門記述都是當下生活的直接記錄。沐浴在這一強大文化傳統的潤澤裏，被記之「事」的時新品格自然而然得到了進一步強化，成為了某種如影隨形的內質。如果說卜辭所述是神旨，那麼時新之事便是天意。一如經典之為舊物，嘻哈之為主義，都是歷史老人的手筆。實則嘻嘻哈哈何關於風格和主義，但說得多了、時間久了，便也生出一層非正統乃至後現代的氣息。

我們說言事的古今意蘊來自不同歷史時期的凝聚，決不是說記言始於音明歲月而記事則肇端於文明時期。就像人們習慣上稱《易經》作周易，但這決不是說《易》自周代始。實則，在時間老人那裡，古今之別是一以貫之的（我們不是霍金，不去談時間拐彎的問題），所以，對古史的整理和今事的記

〔註8〕有事也是古語。《易·震》：「震往來厲，億無喪，有事。」

錄大體上也是代代有之的。可能有的朋友會提醒說：時間固然常在，但人類時間觀念的確立則是後起。確實有這個問題。如果猴子一般的人類先民尚未有明確的時間概念，分不清古今東西，那所謂志古書今又何從談起？據信上古中國存在一個巫統與血統此消彼長合作鬥爭的問題，血統勢力也即世俗王權統治地位的確立，經歷了一段漫長的鬥爭史。群氓時代，人類缺乏主體意識，生產生活多賴神啟，一切聽命於事神之巫覡；後來主體意識開始覺醒，時間觀念慢慢形成，開始懂得從研究以往的經歷來應對種種不測的未知，記言記事的傳統隨之出現。最先整理的傳言內容大約便是巫覡口中神人共處、無古無今的咒語之類的東西，後世所見《山海經》或者便是此類傳言的結集。我們認為在音明時代神意彌漫的歲月裏，知識為巫覡所有，古今之別尚不明顯，記言記事的分別並不明晰。後來隨著群體觀念的與日俱增，對群體過去歲月和近今情況的記誦成為先民口耳相傳的重要內容。並且先民開始注意借助其他手段來減輕記憶的負重，於是便有了結繩的發明（《說文》所錄古文「弌弍弎」、商周金文「十」、「二十」、「三十」等字仍隱約可見結繩計數的影子），再後來則有了書契的出現。不過，由於材料容易腐爛、書寫不太方便等原因，結繩和早期的文字記錄所肩負的大約主要還是對近今事物的輔助記憶。這些內容時間久了，便是所在族群的現當代歷史。後來，當是在簡牘使用以後，文字記述的優越性得以充分彰顯，原來主要由口耳負擔的記言記事任務，開始大量向文字轉移。首先是記事，親歷之事筆之簡牘，便無需再勞心細記，其次是過去依靠口耳傳承的傳言內容也開始大量落實成文字。後者便是傳言的整理工作。而前者則是典型的記事。這裡面涉及到簡牘何時大量使用的問題。《尚書·多士》說「惟殷先人有冊有典，殷革夏命」，其所謂記載了殷革夏命故事的冊典（依《尚書校釋譯論》的翻譯），今不可見，是否書於簡牘並不好說。甲骨文所見的「冊」字亦非後世之簡冊。不過，該篇殷先冊典之說，以及「我聞曰」所及周公對成湯革夏至於帝乙那段歷史的回憶，倒不失為殷周二代記事、記言傳統真確存在的證明。文字領域內記言記事傳統的規模性爆發當在方便書寫的簡牘材料出現後。具體時間不好考證。後世所謂「左史記言右史記事」正是這兩大傳統在史職中的顯現。

　　如果說巫是音明時代的知識精英，那麼史便是文明時代的文化首領。據稱，文字的發明本身便是史官的豐功。《易》謂：「上古結繩而治，後世聖人易之以書契，百官以治，萬民以察，蓋取諸夬。」（《繫辭下》）許慎解釋說：

「黃帝史官倉頡，見鳥獸蹄迒之跡，知分理之可相別異也，初造書契。百工
以乂，萬品以察，蓋取諸夬。」（《說文解字序》）我們無意於去宣揚倉頡的天
縱之聖，倒是比較願意相信文字創製確與「史」者有關的事實，畢竟文獻來
看，在先秦，史官確實是文化水平極高的一個群體。依於舊典（《世本》及其
他舊注），另有名沮誦者一起分享著倉頡作書的榮光，又隸首作數、容成作曆，
並黃帝史官。世謂「結繩記事」，「後世聖人易之以書契」，則是以書記事。沮
者，止也，沮誦即止誦，作書止誦，正是借書記言之意。再結合算數出現、
曆法產生以及或謂黃帝命倉頡製字的背景來看，左史記言右史記事的古老傳
統或者在文字創製之初便已悄然發生，沮誦為左史職司記言，倉頡為右史作
書記事。古籍內實也有沮誦倉頡為黃帝左右史的記錄。甚或，記言記事本為
文字創製的初衷亦未可知。明確的左右史職的出現不晚於西周中前期。《逸周
書‧史記解》提到周穆王曾專門要求左史戎夫「朔望以聞」「遂事之要戒」，
後者乃取炎黃至於周初二十八國族衰亡之故陳而說之。專言衰亡以為鑒戒而
及於數十國，顯然要有十分細緻到位的傳言資料的支撐方可。戎夫以前，早
在武王時期，有「右史利」（依徐中舒等人釋讀）者以專業技能參與謀劃滅商
之大計，並在周革殷命後銘記其事，今所見「利簋」銘文即是，或者銘文根
本就是作者對所記武王滅商事的概括或截取。甲骨文材料中尚未見到有關左
史之文辭，倒是花東甲骨中有貴族問右史情況的卜辭（《殷墟花園莊東地甲骨‧
373》）。事實上，如前所言殷人專心保存的卜辭，本身便是一種記事的形式，
而且卜辭的保管很可能正是史官之事，因為其本身也是占卜行為的主體之一。
《周禮‧占人》：「君占體，大夫占色，史占墨，卜人占坼。」《左傳‧僖公二
十五年》卜偃為晉侯卜勤王之吉凶，卜曰吉，「遇黃帝戰於阪泉之兆」，或者
殷人保存甲骨還有比對兆象的目的，但卜辭的存在確是有記事的意義。而且，
現存甲骨刻辭中亦有少數單純記事的資料。又，一代有一代之史，殷周兩代
文化背景有異，周代史官記事的人文氣息，並不妨礙殷商時期記事行為的「神」
氣十足。學者多信花東卜辭為武丁時期的舊物，武丁為盤庚的侄子，我們從
《盤庚》篇中看到當時對言語已經有「逸言」、「吉言」、「箴言」、「浮言」等
細緻的分疏，盤庚本人更曾專引「人惟求舊，器非求舊，惟新」的「古賢史」
（鄭玄注）遲任之言立說。觀遲任之言，蓋亦出於對古史中相關治國心得的
分析和總結，實與戎夫諄諄告誡武王的「諂諛日近，方正日遠，則邪人專國
政」（《逸周書‧史記解》）之類相近。史書說楚左史倚相能讀「三《墳》、五

《典》、八《索》、九《丘》」之書，時謂良史，所謂「三五八九」之目當即文字時代裏史官整理傳言所得之部分成果。

由此，我們認為：上古實有左右史記言記事的史官分職，而且大約在武丁時期以前便已出現，下限不晚於周穆王時。所謂記言記事，指的是對傳言的整理和時事的記錄，二者相較一新一舊一左一右，正與後世言之鑿鑿的言之與事分屬左右的論斷相符。沮誦和倉頡當即文獻可見最早的左史和右史。所謂「事為《春秋》，言為《尚書》」，屬於後世基於上古史官制度的追述式判定。一者，儒家作品《玉藻》談同樣問題，並未提及言為《書》、事為《春秋》的問題，而這兩部書是孔門的基本典籍。二者「尚書」之名先秦不見，初見於《史記》，斷稱「言為《尚書》」，自然是後來人認祖歸宗之舉；三者，所謂「君舉必書，所以慎言行，昭法式也」的說法，顯然是在言語和行動的意義上來理解言事，這不合古意。當是三代之末東周亂世禮崩樂壞的時代背景催生和加劇了所謂「言」與「行」的對立，才讓後世學者在「言為《尚書》事為《春秋》的上古史官傳統論定中陷入了言即語言，事為行動的群體性誤識之中。孔子說：「始吾於人也，聽其言而信其行；今吾於人也，聽其言而觀其行。於予與改是。」（《論語·公冶長》）雖是有為而發，但也很能反映孔子之時古今之間「言之能行」與「言行不一」的差別，所謂「大人不倡游言。可言也，不可行，君子弗言也；可行也，不可言，君子弗行也」（《禮記·緇衣》）。恰是道德淪喪背景下多見言行背離的情境，給言行二者增加了一層貌似古今一貫的對立性，也所以，後人以此種差別來對左右的不同。

接下來的問題是：站在傳言與時事的意義上，說言為《尚書》、事為《春秋》可不可以？這有一定道理，但也有些問題。說有道理是因為：當前所見《尚書》的部分內容的整理，比如前面《舜典》、《皋陶謨》、《益稷》、《禹貢》、《盤庚》等諸篇文字，大都當有相關傳言做參考；秦火以後相當時期內，《尚書》內容確成了傳言，唯伏生能口說，其落實於文字正是對傳言的載記。說它沒道理是因為：拋開伏生傳《書》一節，《尚書》之中的周秦誥誓部分或即史官當時所記內容的整理。又，就《春秋》而言，當時的各國《春秋》確是時事載記，但到了孔子訂魯《春秋》，也即後世所見之《春秋》，對於魯國而言已經是「本國近世史」（劉師培語，見《經學教科書》），而至於班固著《漢書》，曾經的時事早已是明顯的古物。僅就「事為春秋」而言，如果將其理解為「當時所記之時事即後世所稱之《春秋》」或者還說得過去。

## 二、言事與文明

可以肯定的是，記言記事傳統對上古文明存續有著不可或替的重大意義。如此申述自然是在一個比較寬泛的意義上來使用文明一詞，因為如果將表達手段尚不成熟的動物語言時代計算在內的話，音明歲月顯然要遠較文明時期長久，兩者在時限長度上根本不在同一層次，畢竟中國早期人類的歷史至少有幾十萬年的樣子，所以相較之下，音明之於文明便如半仙老彭之於學步兒童。不妨以心明來並稱音明與文明。音明也好，文明也罷，其實都是心明，都是心靈和思想的征程。心有所明說到底依賴於心之靈明。神有神靈，人有人靈，縱是天賜，總是稟賦。不有靈之安居，便沒有心之覺悟，沒有心之覺悟，便不會有表達的故事和文字的面世。

一個有趣的現象在於，儘管依照後世的理解，語言的出現早於文字，在「左史記言右史記事」的框架裏明顯是言前在而事後指，但一般經驗告訴我們，大約在真正的人類語言產生之前，上古先民已經為公認的群體表達手段的發明而奮鬥了若干時期，經歷了若干事，所以事前在而言後出，所謂「文以行立」（《文心雕龍·宗經》）。與之相應，在文字發明上「右」之於「左」大約也是「右」先而「左」後。資料顯示，90%以上的人類是右撇子，這顯然不是某種偶然的群體興趣，而是漫長進化過程中原始習慣的展示。語言是歷史的風笛，文字是歲月的傾訴。尤其是漢字，這種擅長以象形說事的文字當然不會對如此久遠而普遍的習慣有意漠視。習慣於右手做事、右手持物，所以右手的「右」兼指擁有的「有」、侑神的「侑」、保祐的「祐」、福祿的「祿」，而左手則只是右手的「幫助」（右也有襄助義，當是對左「襄助」的回應和感激）。儘管意義有所差別，但古時字少，書寫亦不規範，所以甲金文中「左」「右」「有」常常都寫作「右」，而事、傳、史、吏、使因為皆自「事」意生出故而寫法相近甚至相同，每每通假，所以《利簋》銘文中的「右史」有的學者讀作「有事」。邏輯上，自然是先有事再記事，所以右史有事記事、有事右史記事或者記事右史有事，都在情理之中，沒有太大問題。

人生在世並非總是「有事」，「有事」以外便是「無事」，於是人們用「有事無事」作經常、常常的同義詞，也所以「有事無事」不經意間便囊括了人生的全部。當然，所謂無事也是相對意，該有時無，無事正是有事，而且還可能是大事。從咿呀學語到蹣跚學步，從退休去職到安然離世，終此一生人都在事上棲息。可以說，事如空氣，不離不棄，又如天地無所逃避。就天地

中人來說，無所事事係對時間的褻瀆，事事關心是對空間的蔑視。人情練達有已時，世事洞明無窮期。常人如此，史官也如此。雖然就知識的佔有而言，在上古，史官可能要較常人豐富，但，即便如此，悠悠萬事徹天遍地，縱有如椽巨筆亦難盡數收錄，所以史官總是選擇性的放棄。史不是巫，巫是神使，史係人使，一個服務於神際，一個服務於人世，「敬鬼神而遠之」的儒家格言整體上也適用於史官群體。有人可能會提到人王神化的問題，其實，這種將人間代表神聖化的努力，所反映的恰是人界對神界的突襲與驅逐。自然，神化的過度，走到人人皆神的地步，也很恐怖。神界顏面掃地，人世也不免要家國林立處處割據，所以後世總有天上有變人間大亂的神秘術語。神氣太過，人會窒息，人心太大，神也難過，甚至還會魂不守舍。所以漢字一出神鬼夜哭。也所以，顓頊高陽氏要在民神雜居之時，恢復神國匡正人世，即所謂「絕地天通」的故事。人心的膨脹總是不可遏止，不能作神也要成聖，於是孟子強調堯舜不與常人異，不過「為之而已矣」（《孟子·告子章句下》）。當然，人人成聖並不現實，聖人過多也有問題。所有這些決定了，作為帝王的僚屬，史官記事，天然地要以人世為主，而且焦點之一必然是君主。

當然，史官所記帝王事，並非都是歌功頌德的阿諛之辭。因為人總會犯錯，人君的過錯對於家國歷史而言常常是致命的。而史官，除了是帝王的僚屬，一定意義上也是巫的哲嗣。巫覡擅咒語，以言語事神祇，史官擅文字，借卜辭測神意。參與「絕地天通」而後被委以「司天」「司地」之職的南正重、火正黎據說便是史官司馬氏的遠祖〔註9〕。後世公認史官有獨見天道的本事，蓋與之不無關係〔註10〕。作為天道的執行者，自然要善善惡惡，明是非記功過，同時還要書天象錄災變，以見天意對天德。世事紛紜、悠悠萬事，建功立業，談何容易，褒獎是必須的。引人巢居名有巢氏，教人取火謂燧人氏，帶人種植喚神農氏，為人造車稱軒轅氏，以功為名，以名為氏，錄其名便是記其事。大約在古人，君位不過半世封，事功才是千秋名，所以特別強調「大上有立德，其次有立功」，「此之謂不朽」（《左傳·襄公二十四年》）。相當程度上，立功也是立德，是對德的有形展示和無聲支持，征戰沙場、保家衛國，輔世長民、安邦定國，哪個不是行道，哪個不是弘德？百善孝為先，孝是「德之本」（《孝經·開宗明義第一章》），而正道直行、建功立業，揚名後世，以

---

〔註9〕《史記·太史公自序》。
〔註10〕《國語·周語下》單子對魯侯問有「吾非瞽史，焉知天道？」的答語。

顯父母，正是孝的大境界，是大孝。到現在我們還喜歡將功與德連起來說，內中的邏輯大約正是立功便是積德，也是行德，行德便是做好事，所以也叫行好。寺廟裏習見的「功德」箱所宣揚的就是這種邏輯。一毛錢有一毛錢的功德，一塊錢有一塊錢的功德。魯大夫曹劌談到所謂「君舉必書」時說：「會以訓上下之則，制財用之節。朝以正班爵之義，帥長幼之序。征伐以討其不然。諸侯有王，王有巡守，以大習之。非是，君不舉矣。君舉，必書。書而不法，後嗣何觀？」（《左傳·莊公二十三年》）顯然在他看來，只有朝會、征伐、事王、巡狩等家國層次的大事才是「君舉必書」之職應有的關注。齊大儒荀卿也說：「故王者敬日，霸者敬時，僅存之國危而后戚之。亡國至亡而後知亡，至死而後知死，亡國之禍敗，不可勝悔也。霸者之善著焉，可以時託也；王者之功名，不可勝日誌也。」（《荀子·強國》）王霸之輩，朝乾夕惕、審時度勢，所追求的正是善之著、功之成、名之就，所期待為史官日誌時記的正也是這些東西。不過史官既是君王之吏，又是蒼天之目，所以在王者之功名、霸者之善跡以外，對君王過失也每多記錄之，所謂「就敗以明罰，因興以立功」（《史通·六家》）。古人相信，天人之間可以互動，「皇天無親，惟德是輔」（《尚書·蔡仲之命》），順天敬事則天祐之，逆天瀆職則天厭之；天雖不語，垂象而語，吉凶之兆見於時象，晦明風雨、地震日食，都是天之耳語，關乎吉凶人事；所以，時政大事以外，史官對於物候天象、自然災異也很關注。魯國《春秋》、《竹書紀年》，莫不如此。

歷史地來看，史官記事固然有鎖定君主瞄準貴族的共同處，上古傳言所及多是聖王事正可從另一側面為其提供某種來自音明天地的證據。但具體到不同的時期，乃至不同的地域，彼此間又會有或多或少的不同處。比如就「事」的原始義來看，最早的記事大約更偏重衣食住行等生存手段方面的問題。而到了周代，對於物質文明、物質成就的關注度明顯有所降低，倒是政治文明的內容開始佔據記事工作的大部。「國之大事，在祀與戎。祀則必盡其敬，戎則不加無罪。盟會協於禮，興動順其節。失則貶其惡，得則褒其善。此春秋之大旨，為皇王之明鑒也。」〔註11〕記來記去，不過是要寫下來給人君治國理政配一面鏡子，所謂「因史記作《春秋》，以當王法」（《史記·儒林列傳》）。居於中間的夏商時期則頗有些過渡氣息，既關注農漁田獵等物質生活，也關

〔註11〕（唐）孔穎達：《〈春秋正義〉序》，〔清〕阮元校刻：《十三經注疏（附校勘記）》，北京：中華書局1980年版，第1698頁。

注征伐祭祀、國族關係等政治問題。記事內容的相同和相異映照著史學傳統
的延續和社會生活的進步。

　　事之為物，徹天遍地，見於文字，便是史記。言之為物，也是如此。

　　遂古之時，聲音之道，上參天地，下洽人世，廣大悉備，達於精微。這
裡面涉及到耳的本事，口的能力，知音的本領，立言的工夫。

　　先說耳的本事。在我們擁擠的地球上，開闢以來，未有人類之前便已早
有了聲音的律動。這聲音來自隕石的劇烈撞擊，來自火山的狗熊脾氣，來自
滾滾長江，來自層層海浪，來自習習的谷風，來自啾啾的鳥鳴，來自冰溶草
動，來自雪落無聲。日升月浮，寒來暑往，或淺吟低唱，或趾高氣揚，眾聲
歡歌的樂堂，送走了億萬年計的漫長，才等來了人類朋友的出場。聲音有聲
音的規矩，講究高下宏細長短緩急，同伴中箭鶴鳴淒厲，愛子不在牛聲宏急，
這本是天地的紋理。作為後來者的人類，無意於去破壞既有的規矩，制定了
大體相同的制度。所以我們每每能從本家的聲音聽到朋輩的低語。「嘈嘈切切
錯雜彈，大珠小珠落玉盤。」（《琵琶行》）又能於朋輩的演奏裏聽到關於他者
的評定。草語蟲鳴喜雲淡風輕，濁浪翻滾似野獸橫行。可惜的是，後來隨著
工具的使用，熟肉吃多了，就慢慢遺忘了吃生肉的本能，同樣，習慣了人聲，
便不再留心於鳥鳴，對環境的尊重程度越來越低，聽取環境傾訴的能力也越
來越不濟。幸運的是，總還有些人傳承了老祖宗的本事。傳聞，公冶長通鳥
語，既曾因之入獄，又曾因之獲釋；書云，介葛盧識牛鳴，聞牛鳴而知其育
三子皆獻牲（《左傳·僖公二十九年》）。類似的故事上古還有一些。時人或以
為是後人的鋪陳，或以為借助了占卜的術數。其實，人類，本自洪荒中來，
與鳥獸草木無異，既然本是鄰居，相知相熟自然不足為奇。允許現在的人們
看雲識天氣，就不能允許古人有聞聲知其實的本事？看雲的本事積累久了，
得其道了，能知天知地知人事，聽音的本領修煉深了，大約也能察今知古見
未知。弟子們環繞著孔子閒聊論學，子路說話「行行如也」，作為老師的孔子
頓生一絲悲涼，不無憂愁地斷言「若由也不得其死然」（《論語·先進》），後
來子路果然橫屍疆場、血染蒼黃。僅僅根據聲音的高下急緩便能測知弟子的
來日境遇，可見孔老夫子就有聞聲知情的本事。其實，孔子自己並不覺得自
己是聖人，孔子以前，較早時候，聖這個字也沒有後來那麼神奇，與賢字差
不多，都是能人的意思。如果說孔子能聞人聲知來世，那麼公冶長聞鳥音知
時事大約也是可信的，而同孔子相比，公冶長最多只能算是個賢人。看來，

那個時代，能力稍好一些的人還是有些依然具備比較出色的聽音知事的能力。事實上，孔子不僅能據人聲知來世，也能聽琴音見過去。說是當年他從師襄子學鼓琴，境界間有所進，剛開始「習其曲」，後來能「得其數」，再後來「得其志」，又後來「得其為人」，從琴聲之中聽出作曲者「黯然而黑，幾然而長，眼如望羊，如王四國」，（《史記·孔子世家》）必是周文王，才能有此氣象。故事的結局是樂壇鉅子師襄避席再拜，以仲尼為師。結局如何並不重要，重要的是孔夫子從琴聲之中看見了古人的樣子。不過在當時，還是很有些人能與仲尼爭鋒，乃至練就較之孔子更上乘的能力。史載有個叫季札的吳國公子，訪問魯國期間，要求欣賞樂舞，出訪國滿足了他的願望，結果這位吳公子邊聽邊論、邊看便說，在雍容典雅的宮廷樂舞中發表了一篇震鑠古今的偉大評論，後被史官收入《左傳》中。說是，此君端坐一旁，優雅如常，琴瑟聲響，能審其詳：歌《衛》，則論衛康叔、武公；歌《王》，則謂「思而不懼」「周之東」；歌《鄭》，則說「細已甚（矣）」亡之徵；歌《齊》，暢言泱泱似大風，「表東海者」姜太公；歌《唐》，言有陶唐氏遺風；歌《頌》，長言得見盛德同（《左傳·襄公二十九年》）。訪魯之前有沒有預先溫習不得而知，但季札的能力顯然很讓人側目，所以史家用了很大一段文字來記述。

能聽出聲音的秘密我們稱之為知音的本事。如果說語言是歷史的風笛，那麼聲音便是天地的呼吸。蝙蝠能從回音中判斷遠近大小、輕重多少，農民能從地籟中確認寒來暑往、秋收冬藏。伐木丁丁，鳥鳴嚶嚶；雷聲隆隆，細雨濛濛；磬音悠揚，鼓樂鏗鏘；浩浩湯湯，潮落潮漲：自天而生，因地而鳴，一時有一時之心情，一物有一物之心聲，傾聽時間的心情，把握事物的心聲，便能與天地共流，與造化為友。上古先民把握心聲的努力首在對聲音的感知，「風雨如晦，雞鳴不已」（《詩·鄭風·風雨》），「雞既鳴矣，朝既盈矣」（《詩·齊風·雞鳴》），能對雞鳴狗吠有所區別，並能因之獲得對自身更多更為重要的其他信息，這是包括人類在內的高級動物共有的本能，與借助視覺、嗅覺對世界的感知無異。人類的高明處在於，他還能夠在聆聽天籟的同時借助不同形制的材料來創造、規範、運用和掌控聲音，來為自己服務。說是最晚到黃帝時便有了樂器和音律，後來至於帝堯時代，人們已經能夠很好的把握和使用各種樂器，所以才能在帝堯隕落以後，向其奉上三年不樂、「遏密八音」（《尚書·舜典》）的至高榮譽。注家說八音指的是八類不同材質的樂器，即「金石絲竹匏土革木」。同「八音」的界定一樣，《呂氏春秋·音律》中所記

載的確定十二律的方法，所謂「三分益一」「三分去一」，也屬於感性認識。感性認識而後是知性認識，這是上古先民知音能力的第二個層次。這方面內容很多，既包括對發聲原理的認知，又包括對聲音特徵的分析，還包括對規律的爬梳和功能的解讀。《禮記‧樂記》上說人聲是性情的流露，有紋理變化的聲叫做「音」，對「音」進行排列組合而後輔之以肢體語言的表達叫做「樂」，這便是對發聲原理的把握；《荀子‧樂論》謂「鼓天麗，鍾統實」，「瑟易良，琴婦好」，又說「鼓似天，鍾似地，磬似水」，這都是對音質特徵的分析；《呂氏春秋‧適音》說「治世之音安以樂，其政平也；亂世之音怨以怒，其政乖也；亡國之音悲以哀，其政險也」，此是對規律的爬梳；《尚書‧舜典》所言「八音克諧，無相奪倫，神人以和」，則是典型的功能解讀。躍知性認識而上的，是一種結合了感性和知性卻又明顯超越一般的感性和知性認識的悟性認識。關於這一點，老子先生在他的五千言中早早地給我們做了說明，他說「五色令人目盲；五音令人耳聾」，「雞犬之聲相聞，老死不相往來」，又說「音聲相和，前後相隨」，「大音希聲；大象無形；道隱無名」，從對雞鳴狗叫和各種聲音的辨別，到對存在機制的把握，明顯是從感性認識到知性認識的飛躍，再從對五音的辨別和「如影隨形」的聲音關係的把握上升到對無聲之音的體悟和瞭解，則是另一個更大層次的飛躍，或者說超越。如果說認識五音的階段像駕著牛車悠然而行，發現相隨相和的層次若騎著單車遊覽原野，那麼大音的境界便如遨遊天際的飛機，絕塵而去難以企及。在老先生的獨見以外，像上一段中筆者提到的聞聲知情的神耳故事，也在神悟的行列裏。相較之下，兩種神悟，一者偏於知性一者偏於感性，還是有其不同。大音希聲的玄理進一步發展能達於名家或禪學的空靈，聞聲知情的能力進一步躍進能臻於可以前知的至誠和術數之學的高明。《月令》之中（《禮記‧月令》、《逸周書‧月令解》）已經明確地出現了以五音十二律同天干和數字相配的記錄。

其實在上古人們老早就認識到了語言的威力。據說當年堯選擇舜繼任，相當程度上便是因為舜之所言有其現實的效力。大約清醒的統治者都會對有關理政的嘉「言」善語懷有相當的敬意，也就商紂一類才會對臣子的忠言聽而不聞。到了春秋末期，魯定公還曾懷揣著一言興邦的理想，或者說僥倖，向孔子討教可否借助表現為一句話的某種治國理念，來重振國運再續輝煌。孔子說「言不可以若是其幾也」（《論語‧子路》），關鍵要看行動，這話大約是針對魯君不能力行的毛病而發。其實，行動的前提是思想，而語言正是思

想的呈現。妙語箴言多為人們有關社會人生的智慧總結，確能改變一個人甚
或是一個國家的命運。近世來看，從「師夷長技以制夷」，到「槍桿子裏出政
權」，再到「實踐是檢驗真理的唯一標準」，這些「口號」性名言，無不與國
家的命運息息相關，在國家進步發展的過程中發揮了關鍵的引導和推動作用。
人們所熟悉的「不鳴則已一鳴驚人，不飛則已一飛中天」的典故，正是一言
興邦的例子：楚莊王（或云齊威王）治國初期政務荒疏臣子著急，於是便有
人問說，有一隻大鳥，三年不飛也不叫，這算什麼鳥，當政者馬上驚醒，誓
言「不鳴則已，一鳴驚人」，而後便是勵精圖治國運昌隆的故事。先秦時期，
傳統文化的大端為儒家所承繼，也即人們所熟悉的六經之學，同時繼承的還
有內中所包含的精神氣象和思維方式等，也即文化傳統。這其中便包括高度
重視言語功能和價值的思想傳統。所以才有孔門四科中的「言語」門，也所
以才有子貢游說而魯國存的舊聞。強調「知言」是先秦儒家的一大傳統。秉
持著積極入世的心志生活在熙熙攘攘的世界裏，確是很需要一點「知言」的
本事。同古人對聲音的一般的把握相似，孔孟所謂「知言」也可分三個層次。
說「侍於君子有三愆：言未及之而言，謂之躁；言及之而不言，謂之隱；未
見顏色而言，謂之瞽」（《論語·季氏》），強調人要懂得因時而言、因勢而言，
恰當把握說話的時機，注意根據對話者的情緒來處理言辭。當下正大力提倡
對話，孔子這段話可以看作是對話理論的鼻祖，現實當中仍有極大的指導意
義。不過就孔門「知言」理論來說，這種閱讀對話情景的能力，也就是分辨
別人說到沒說到自己該說不該說的能力，基本上還停留在感性認識的層次。
相比之下，同樣為人所熟知的孟夫子的一段宏論，則屬於更高層次的知性認
識。孟子說人應該做到「詖辭知其所蔽，淫辭知其所陷，邪辭知其所離，遁
辭知其所窮」（《孟子·公孫丑章句上》），察見偏頗言論所遮蔽的真實，明瞭
浮誇之語陷溺在哪裏，詳審不正言辭之所離，察見隱遁之辭所未及，這樣才
稱得上「知言」。如果說孔子所謂「君子三愆」的內容主要看對話者認真傾聽
的程度，那麼孟子所講則明顯需要仔細體味和推理，以分辨言辭背後的東西。
此種因言察意的論述同道家「得意忘言」的觀點有很大的相似。《莊子·外物》
有謂：「筌者所以在魚，得魚而忘筌；蹄者所以在兔，得兔而忘蹄；言者所以
在意，得意而忘言。」忘言不是無言，是強調聞言當知意，此與孟子所論屬
於同一層級。明確宣誓喜歡「無言」的是二者的師父。孔子說：「予欲無言」，
「四時行焉，百物生焉。天何言哉？」（《論語·陽貨》）老子云：「聖人處無

為之事，行不言之教」（傳世本《老子·第二章》）。恰如老子所言，孔子所講正也是一種「不言之教」，這顯然與大象無形、大音希聲很有些相同，要依賴於人的悟性。而這恰也是古人「知言」工夫的第三層。

和聞聲知言的本領相輔相成的是駕馭聲音和語言的能力。古人當然不是只說不練的假把式。孟子說：「昔者王豹處於淇，而河西善謳；緜駒處於高唐，而齊右善歌」。（《孟子·告子章句下》）古代，沒有迅捷發達的廣播和媒體，所以，很多人的光輝事蹟，因為沒能最後形諸文字或垂於口說，也或者形諸文字、垂於口說而未能行之久遠的緣故，最終只能如彗星一樣在文明的蒼穹上一閃而過。緜駒和王豹能在舊典中留下自己的名字，自然跟孟子的垂青相關涉，但說到底還是由二人特出的唱功所決定的。當時的條件下，能做到憑一人之力前一國之技，絕對是令人瞠目的記錄。就本文所討論的內容而言，歌神傳奇故事的意義，在於提示我們不同言說方式的形成相當程度上賴於不同的專業能力的支持。恰也是不同的技術形式、創作規範和社會內容，最終造就了言本材料的豐足與充實。

古人所以在忙碌紛擾的生活中練就「知音」「知言」的神功，正是因為有大量的「音本」「言本」內容與之並生和攜行。這是記言工作實實在在的社會背景。美術作品豐富是因為畫法有異，言類材料大量存世首先是因為言說方式的不一而足。僅就《論語》來看，在孔門師生間公認的言說方式就包括「巧言」、「慎言」、「雅言」、「疾言」、「危言」、「遜言」、「放言」、「怨言」、「便便言」等。五味雜陳的言說方式與五彩斑斕的言說內容相結合，自然要產生五光十色的言本類型。僅就上文所及，便有吉言、箴言、逸言、浮言、游言、詖辭、淫辭、邪辭、遁辭等九種。實則，在此之外，還有很多。比如，舊典中所見「訓」、「謨」、「誥」、「誓」、「諷」、「誦」、「辯」、「論」、「訟」、「讚」、「謳」、「謌」、「詩」、「誅」、「謍」、「譽」、「虛言」、「善言」、「奸言」、「忠言」、「夢言」、「遺言」、「讒言」、「流言」、「倒言」、「傳言」、「野語」、「鄙諺」、「隱語」、「建言」，以及像《論語》中所提到的「法語之言」、「巽與之言」，《詩經》所提到的「中冓之言」、《孟子》所謂「君子之言」，《荀子》所謂「愚者之言」、「智者之言」，《墨子》所謂「兼者之言」、「別士之言」等等皆是。有的更直接以「語曰」、「有言」、「聞之」一類字眼表示，若「商聞之矣：死生有命，富貴在天」（《論語·顏淵》）；更有甚者連此類標誌性字眼也沒有，要明其歸屬只能看自己的眼力，若「與其媚於奧，寧媚於灶」（《論語·八佾》）。言本

類型的風情萬種，造就了言本世界的萬紫千紅。內容上來看，這些言本材料，
或記事敘史、或明德言理，或兼而有之，無怨無悔、勤勤懇懇地支撐著先民
的精神世界和現實生活，支離破碎卻能心志堅卓地摹寫古人對往日的眷戀、
對將來的期盼，以及現實的快樂、恬淡抑或悲苦。如果說「六經」作為當時
公認的思想文化資源有其明顯的官方色彩，那麼言本材料，作為同樣活躍的
公共思想資源，則有著更多的民間色彩或者說官方色彩之外的多維趨向。

　　這絕不是說言本材料和落實為文字的五經之間在內容上涇渭分明、雲泥
有別，比如明確宣稱自己是言本材料結集的《論語》便常常引經據典、借《詩》
《書》以明心志，而《詩》《書》二者本身又都包含著數量不等的先民之「言」
來裝點自我。至少在孔子的時代，二者間是一種自成系統、相對獨立又相互
交融、相互支撐的關係。要從形成和存世的角度來分析，五經對言本材料傳
承形式的藉重還要更多一些。今文《尚書》固然並非全是來自傳言內容的結
集，但像《舜典》、《禹貢》等篇章來自對傳言內容的整理當無問題，而且，
至於漢初，經過秦火的荼毒，此書正是借助了口授的形式才得以繼續存世。《詩
經》本是歌詞，相當部分，特別是十五國《風》所及，都是民間歌謠的文字
落實。《易經》就中國文化史而言，大約是無可爭議的最早的古書，儘管所謂
《周易》古經在寫訂的時候必然地經過了新的加工，但從被改造過的內容來
看，其中仍有著清晰的古歌痕跡，這說明，早在寫訂之前，《易》本身可能正
是借助歌謠的形式存續下來的。即便是規定性很強的《禮》經，其傳承賴於
口說者也甚重，所以孔子才說「夏禮，吾能言之，杞不足徵也；殷禮，吾能
言之，宋不足徵也。文獻不足故也。足，則吾能征之矣」（《論語·八佾》），
文者文籍，獻者賢士，指對古禮熟悉可以口述其詳的人士。孔子言古禮而必
欲求諸文本載記和賢士口述，正是禮學之傳倚重口耳的證據。其實《春秋》
學的傳承也離不開言傳形式的支持，據說《穀梁傳》在寫定之前便曾經過了
很長時間的口耳相傳的過程。

　　與言本材料到處充斥、口耳相傳俯拾皆是的文化背景相一致，上古先民、
特別是知識分子心中，立言存世的心思自來有之，所以才會有人斷稱「立言」
是通往不朽人生的華美雲梯。孔子說「天生德於予」，又說「有德者必有言」，
既可以看作是其對自己立言存世行為的解釋，也可以看作是其木鐸金聲必將
傳世的自信陳述。其實不止孔子，他的學生像曾子、有子、子夏、子游，乃
至再傳弟子子思等，率皆修為深湛、多有嘉言善語，《論語》、《孔子家語》中

的弟子語，以及包括《中庸》在內的後世所謂《子思子》中相關內容，是其佐證。所以孟子才會慨歎「遊於聖人之門者難為言」。當然，他自己在立言方面一點也不含糊，時人每每《論》、《孟》並稱正足見孟子立言之能。諸子百家的興起，固然是因為王官之學散出，民間高人憂世，另一方面大約也與這種立言傳統有很大關係，所以李斯才在自己的上疏中直接稱其為「百家語」。

龐樸先生曾專門談到過傳統文化和文化傳統的關係，言本天地裏同樣有這個問題。如果說具體的言本材料是先秦時期傳統文化的重要構成，那麼口耳相傳的文明傳承形式、立言存世的精英思維模式則是先秦時期核心的文化傳統之一。所有這些內容都與華夏文明的發生、發展、存續和創新息息相關。時下，依舊有很多人將著書立說視為千秋偉業，便是立言存世思想傳統的後世延續。而恰也是在舊言不斷亡失，新說不斷增益的過程中，才有了中國文化的生生不息。

質實地來看，言本材料所涉及的首先是文明傳承方式的問題。世人皆信在內容與形式之間，內容更核心、更重要，形式則等而下之，屬於次要級。可事實上，「文猶質也，質猶文也」，很多的時候，形式本身跟內容一樣重要，甚至完全可以決定內容的生死。大量上古時期的言本材料，因為無緣於簡帛而如風吹過再也無法觀見和捕捉，正是極好的解說。另有很多一度書於簡帛的古人著作，因為簡帛本身腐爛掉，或被點火，最終沒能進入我們的視野，也在其列。20 世紀以來，文明傳承形式有了新的躍進，言本、文本以外，像表現為電影和視頻的「複印件」，存儲於軟盤、光盤和硬盤的「電子本」，都是科技革命帶來的新收穫，都將成為文明存續的新支撐。

## 三、史言：最早的紀史類型

比諸子百家更早，對立言傳統的形成起過重大推動作用的知識群體是上古時期的史官。除了盤庚所引遲任之言以外，像《左傳・僖十五年》引史佚「無始禍，無怙亂，無重怒」的句子，《論語・季氏》孔子引周任（馬融注謂「古之良史」）「陳力就列，不能者止」一語，《尸子・勸學》用史鰌「君親而近之，至敬以遜；貌（藐）而疏之，敬無怨」之說，仍可見到史官立言的痕跡。杜預注《左傳・襄公二十四年》所謂「立言」之「不朽」將史佚、周任列在臧文仲前，大約正有某種向前回溯的意思。包括「人惟求舊，器非求舊，惟新」一句在內，史官群體的這些思辨色彩濃厚的言論，有可能是對前人舊

說的直接攫取，也有可能是對現實世界的某些感觸，更有可能是記言記事過程中的心得體悟，借前人言行積蓄個人心得，即所謂「君子以多識前言往行，以畜其德」（《易‧大畜》）。

我們把有關過去生活的具有歷史敘述性質的言語，稱作「史言」。《逸周書‧史記解》所載左史戎夫說給周穆王聽的探討廿八國族衰亡原因的那些話語便是典型的「史言」。再如萬章向孟子請教所謂「至於禹而德衰，不傳於賢，而傳於子」（《孟子‧萬章章句上》）是不是真有其事，所引「禹時德衰」的話也在「史言」的行列裏。又如當年盤庚遷都阻力很大，在做思想工作的時候，或者是無可奈何或者是出於策略，這位中興之主先請出了歷代商王體恤下民的舊德和為民遷都的往事，試圖用「古后之聞」打動民眾。當時的效果如何不在現場的我們無從瞭解，但這段出於盤庚的口述，明顯也是我們這裡所說「史言」的一份子。同史書相似，史言也是敘述歷史的一種形式，兩種敘事的不同在於所倚重的形式是宣於口還是筆於書，是口說幫還是文字黨。口說幫的史言同晚近出現的所謂口述歷史有其相似，但在敘事的時間指涉上要更為寬廣，而基於錄音設備興起的口述史學似乎更傾向於記錄和整理人們對親歷事件的回憶。

前文已經指出，史書的出現明顯要晚於史言，而且，一定意義上可以說後世所謂史書恰是脫胎於「史言」的母體，所以從一降生便天然地同史言有其相似。比如通常情況下，二者都講究有頭有尾，從來都是一副敘事的樣子；比如在內容上大都是對過去歲月的陳說和整理；比如都強調時間、空間、人物之類基本的敘事要素等。後來隨著史書撰寫成為新的文化傳統，史言和史書成了互相幫扶互相支持的戰友關係：「遺文古事靡不畢集」的前提下，太史公仍要「罔羅天下放失舊聞」（《太史公自序》）來作《史記》，這是採「史言」入「史書」；當年周襄王派內史過賜命圭於晉惠公，後者囂張傲慢，而後內史過在周王前取《夏書》、《湯誓》、《盤庚》等篇文獻所載內容勸戒之（《國語‧周語上第一‧13》），此是引史書入「史言」。相同相似，惺惺相惜。

除此之外，兩者間還有些明顯的區別和相異處。

首先是貴族傾向與民間色彩的不同。這是就記史主體和所記內容來說。史書也好，史言也罷，記什麼內容、記多少內容，從來都不是由撰史、言史者一己決定的。一者，人的能力有限，就個體的人來說絕不存在人有多大膽地有多大產的問題，一個手握史筆的人一生之中究竟能寫下多少描述歷史的

文字有其上限，心比天高、命比紙薄的俗語同樣適合於歷史書寫，這種有限性，顯然不是人自身所能決定的，借用人們的習慣說法，我們可以將其視為撰史主體的客觀限制；二者，即便是在有限能力提供的記史可能的貌似無限可能的範圍裏，這種記史的可能仍有其天生的限制，這種限制首先表現為不同撰史者相對固定的知識結構對涵攝多樣化知識需求的歷史書寫的限制，如果說前者是能的限制，那麼第二點便是所以能的限制；三者，歷史無限豐富，而歷史的存在方式有其天然的限制，這種限制首先表現在歷史自己無法把自己做成標本世代珍藏下去，如果可以，那便不再有歷史，不會再有興衰成敗、生老病死；四者，對於歷史而言，究竟選擇保存哪些記憶有其歷史的限制，一方面要受制於技術手段和介質，另一方面還要受制於歷史發展的內在邏輯及其設計。潑墨山水雖然寫意終究沒有照片來得細緻，而過去每個朝代所完成的歷史敘述大多都是勝利者的定制更是眾所周知；五者，即便是那些有幸保存下來的「無限」豐富的歷史記憶也未必會悉數站到記史者的面前任其擷取，這還要看為歷史所選擇傳承下來的那些記憶的心緒，目前來看，關於《子思子》的最有價值的一部分記憶保存在郭店楚簡裏，可它直到近年才選擇讓我們認識；第六，即便歷史記憶朗若白晝地站在人們面前等待認知，也一定要等到了鍾子期才能聽得到高山流水的雅意，必須是王國維才看得出「虎骨」上殷先王信息的價值。如上種種共同構成了記史主體和歷史本身之間一種永不磨滅的緊張關係。一直以來史官都在試圖盡最大可能去彌縫這種緊張關係，所以很多見於史書的史官總是天文地理、天道人事無所不知。然而，即便如此，作為數量有限的一個群體，其記史的能力仍顯不足，所以在操作過程中不能不有所選擇和捨棄，更多的偏向於君主和貴族生活的各種大事，於是面對浩瀚無垠的歷史信息，史書編纂者最後給出的竟然主要是一些帝王將相的「家譜」。所以如此，跟歷史書寫所仰仗的文字手段有很大關係。在上古、中古包括近代，文字一直都是少數人的專利，即便是教育普及程度很高的今天，歷史書寫也只是少數人的份內事。開口講故事顯然比提筆寫歷史要輕鬆和容易。史官群體本身正也是群體記憶的整理和傳承者之一。事實上「記憶」是人類的本能，有生活便會有記憶，有記憶便會有追述，有追述自然有「歷史」，而這在不掌握書寫權利的人那裡，又必然地要借助或者說表現為「史言」的形式。所以我們看到先秦諸子不是史書，但多有史言傳世。當然，「史言」的參與者還包括那些思想光芒並不太出眾的民眾精英乃至普通的農工商階層。

《孟子・萬章上》有段記載說：「咸丘蒙問曰：『語云，「盛德之士，君不得而臣，父不得而子。舜南面而立，堯帥諸侯北面而朝之，瞽瞍亦北面而朝之。舜見瞽瞍，其容有蹙。孔子曰：「於斯時也，天下殆哉，岌岌乎！」不識此語誠然乎哉？』孟子曰：『否；此非君子之言，齊東野人之語也。』」咸丘蒙提到的這段話，涉及大舜時期的史事，雖然被孟子稱作野人語，但明顯也在史言的範圍裏。可以說，同「史書」相比，「史言」明顯地呈現出某種全民性質。「聖人也者，人之所積」（《荀子・儒效》），聖人不世出，但群體的力量彙集起來便有如聖人，乃至在簡單勞動方面必然地還要超越聖人，歷史書寫一定程度上正是如此。大規模史書的修纂多是集團作戰，道理也是如此。當然，就算是大型史書修纂時的集團作戰，就其全民性來說，似也不能同「史言」等量齊觀。

其次，宏密與細疏不同。所謂貴族傾向同民間色彩的不同，就創作主體而言，也可以說是專業與非專業的不同。史學史常識告訴我們，專業人士也即專門史家的史書撰寫，自來講規範重體例，強調嚴謹和嚴密，「繫日月而為次，列時歲以相繼」的《春秋》也好，「紀以包舉大端，傳以委曲細事」（《史通・二體》）的《史記》也好，無不如此。希望在有限的文字中整體而又細密地呈現敘述對象，做到全面細緻而深入，是史書編撰的共同追求，《漢書》所謂「準天地，統陰陽，闡元極，步三光。分州域，物土疆，窮人理，該萬方」（《漢書・敘傳下》），鄭樵所言「大著述者，必深於博雅而盡見天下之書，然後無遺恨」，自謂「總天下之大學術而條其綱目」所成之「二十略」盡萃「百代之憲章，學者之能事」（《通志・總序》），皆是此意。遺憾的是，受到生理極限鉗制的歷史敘述，常常會愈密而愈疏，劉知幾謂《春秋》「論其細也，則纖芥無遺；語其粗也，則丘山是棄」（《史通・二體》），正是此理。或隱或顯，或陰或陽，盈虛變化，或短或長，這是中國文化存在與發展的運行機制，所謂一陰一陽之謂道。史學也不例外。歷史老人固然喜歡結構謹嚴、密不透風的大氣與厚重，同樣也喜歡逍遙適性、疏朗輕盈的飄逸與空靈。如果說史書編撰崇尚全面與謹嚴，那麼「史言」則恰恰相反，在敘述上表現的自由而任性。一般都很短，「史言」中經常有一句話了結一個歷史人物和歷史事件的例子，這自然同筆頭與記性的差別有關。「紂之不善不如是之甚也」（《論語・子張》），子貢對商紂的評價就十個字，極簡潔還極辯證。常常很概括。「桀紂有天下，湯武篡而奪之」，《荀子・正論》所引的這條「世俗之說」十一個字說

完了三代更替。往往樸實有餘文采不足，像《孟子‧萬章章句下》提到的「伊尹以割烹要湯」、《荀子‧正論》所及「堯舜不能教化」、《論語‧泰伯》所載「巍巍乎，舜、禹之有天下也，而不與焉」的聖人言。篇幅短小的特點使得「史言」很難做到史書那樣細密周延、首尾俱全。就如上引「湯武篡權」的判斷，說他全是很全，有人物、有對象、有過程，也有隱含的時間；說不全也很明顯，朝代鼎革如何一個字便能悉數概括。整體而言，在事件描寫上，較之史書，「史言」要粗獷上一點點。當然，事事在意總會心有不及，豪邁奔放也不一定就麻痺大意。事實上，豪邁之人經常能看到心思縝密者因過分專注、太多顧忌而看不到或有意遮蔽的景致。比如史書不詳的先商、先周生活，《詩經》之中反有所涉及。比如周革殷命，周人文獻中那替天行道、修德勝之的敘述很值得懷疑。孟子說盡信書則不如無書，「仁人無敵於天下，以至仁伐至不仁，而何其血之流杵也？」（《孟子‧盡心章句下》）對於這個問題，子貢有關紂王沒有後人說的那麼壞的判斷正是部分的注釋。不過仍顯不足。《易‧歸妹》所引有關商周聯姻的悲劇為之補充了更多的信息。帝乙嫁女於周，遭到文王冷遇，「女承筐，無實；士刲羊，無血」，男女雙方都有不滿，矛盾激化自然難免，從用韻來看，筐羊同部、實血同部，這分明是一首短歌式的史言。後來文王被囚，再後來商周反目，大約都與此不無關係，而這在成於周人之手或受惠於周人典籍攢成的史書中是難於窺見的。

其三，離場與在場問題。嚴格意義上來說，歷史敘述不存在離場的問題。雖然現在人常說什麼夢回唐朝之類，孔老夫子更曾多次夢對周公，可做夢者同時作為夢境的參與者，包括作為**個人創作**的夢本身，都是當下存在。當下真實和心外無物結合，落實到史學領域便即，一切歷史都是當代史，一切歷史都是思想史。所謂的歷史，說到底不過是種種借當代來確證和呈現的，存在於當代的，當代所謂「過去」和「歷史」在當代心靈中的當下投射。是我心所照，當下存在和認定的所謂秦時明月，對我心的當下照射。簡單來說：我心觀我心，當下照當下，過去是當下之過去，歷史是我心之歷史。但當下之過去仍是過去，我心之歷史仍是歷史。秦時明月依舊是秦時明月，即便它是由現在給出的。當年之明月不動，在心之明月屢遷，於是過去顯現，歷史形成；當年之我心未動，寄月之我心浮沉，於是心路顯現，心史形成。念念不同，當下常新，於是歷史綿延，心路流轉。太陽的真實首先是陽光的真實，歷史的真實首先是當下的真實。所以，歷史敘述以歷史為標的，但從來都是

當下的故事。歷史敘述比較理想的狀態是以當下合歷史，讓創作者的心史背景同歷史敘述本身完美融合，主客並陳，今古兼蓄，說昨日之事，成今日之史，合當時之事，入來日之史。歷史敘述畢竟是當下心語，主觀參與便如空氣無從捨棄，必欲離空氣觀來路，既不合情也不合理。「左史記言右史記事」的史職設計，至於後世慢慢發展成了中國史學所謂「實錄」傳統，這與先秦史官所謂秉筆直書的良史傳統一脈相承。《漢書・司馬遷傳》有云：「然自劉向、揚雄博極群書，皆稱遷有良史之材，服其善序事理，辨而不華，質而不俚，其文直，其事核，不虛美，不隱惡，故謂之實錄。」文直、事核、不虛美、不隱惡，這與近世興起、很長時期裏統治著中國史壇的強調歷史客觀性的史學傳統異曲同工，像唯物史觀等。其實，至少就古代史學自身來說，將秉筆直書視同客觀敘述很有些問題。事實上，古史所謂直書並非直於事，而是直於義。比如崔子弒齊君，史料顯示並非崔杼殺君，而是史官認定齊君被殺與崔杼有莫大干係，於是非給他弒君的帽子，再如《春秋》中涉及魯國的評述很多時候都是似直實曲。可以說所謂秉筆直書即便內蘊了相當的客觀陳說的風骨，這種風骨也絕非此一傳統的真正要義，相反，秉筆直書傳統的核心要義在於史官對現實世界的積極參與，以主觀為史記，借史筆參時事。兩相比照，後世所謂「實錄」傳統，盡力避免和鉗制個人情緒以求得所謂歷史真實的做法顯然與之不盡一致，甚至正相背離。後者大約還同史官對「左史記言右史記事」的曲解有關。而以義直書自然同史官代言天道的身份認同相關聯。其實無論是以義直書也好，實錄傳統也好，抑或後來的歷史唯物主義，都是帶有普遍壓制色彩的群體主觀，大有害於多樣化歷史敘述的形成和存續，也不利於後人對歷史的全面認識。大體而言，唯物偏於離，實錄流於枯，直書失於曲。所謂「離場」、「在場」主要針對「實錄」傳統，或者說古代史書傳統客觀敘述的訴求而言。同史書熱衷於離開當下進入對象世界來觀察和書寫歷史的偏尚不同，史言有著鮮明的在場性。「禹，吾無間然矣。菲飲食而致孝乎鬼神，惡衣服而致美乎黻冕，卑宮室而盡力乎溝洫。禹，吾無間然矣。」（《論語・泰伯》）喜則喜、惡則惡，喜歡就大聲頌揚，同時表明個人的價值立場，既說了過去的人物，也講了當下的自己，後來人可以輕易觀見敘述的主觀根據，從而對敘述保持足夠清醒的認知，而這恰是歷史書寫應有的對歷史負責的態度。作為史書的偽《古文尚書》，所以前前後後擾動中國學界一千餘年，恰是因為編纂者將主觀世界隱藏太深的緣故，此是反例。

　　第四，與在場性相關，史言有著更為切近和明顯的現實關懷。歷史與現實的關係問題，始終是史學研究最為糾結的矛盾之一。這還要從上文所提到的當下真實談起。所謂當下真實，換一個角度來說也即過去真實，沒有過去的真實也便沒有所謂當下的真實。當下真實也好，過去真實也好，作為真實，並無二致。所以過去和當下，本質上說一個意思，都是指一定時空範圍內的生命世界。過去對現實的關注，和歷史對當下的在意，都是在關注自己，人類天生就喜歡關注自己，這是本能所致，天性使然。讓大熊貓天天地惦記鯨魚的生死，這不現實，它們還是更關心有沒有新鮮的竹子來填飽自己的肚子。就分別義來看，過去真實通過由A到B的流轉性投射來實現自己的現實參與，進而在現實世界確證自己的過去真實，這與當下真實總是通過發展自己影響未來的能力來確證自己的價值一個道理。如果一個人一件事，在自己或漫長或短暫的歷史中絲毫不曾對未來世界有所作用和影響，只有大地和空氣目睹了他們曾經的存世，那麼，基本上，在人類世界，這個人、這件事就如未曾出現過。這正是人類生活澄明人類世界對於確證自身存在而言的獨特價值和意義。這種與生俱來的現實關注固然有份屬同門彼此關心的緣故，但更多的還是根源於歷史對現實天生的依賴關係。一者，記憶本身或許是天賜，但記憶存在和生長的根據都在現實生活裏，是當下常新的現實製造和催生了表現為記憶的曾經真實的歷史，一定意義上也可以說是未來製造了現實。二者，歷史靠現實來確證和延續，歷史參與現實的深度和廣度相當程度上正即歷史生命力強弱的標誌，失去了參與現實的能力，也就意味了歷史從現實世界的退出，而這基本上也就等於自己剝奪了自己作為歷史的資質，因為無法被人確證的東西顯然不好隨便冠以人類歷史的稱呼。三者，與上一點緊密相關，在歷史與現實的互動中，大體而言現實總是處在更為積極主動的位置，對歷史有著壓倒性的優勢，所謂後發優勢。歷史敘述的現實情懷恰恰源出於歷史本身天然的現實關注。中國的史書傳統從一出現便有著濃烈的現實參與意識，孔子作《春秋》「善善惡惡，賢賢賤不肖」（《史記·太史公自序》）「以繩當世」（《史記·孔子世家》）正是其例。同史書相比，史言的在場性更為突出，以言語敘歷史的時候，自身的、對象的或者社會的現實因素總會時不時地按捺不住興奮的心情而跳出來插科打諢一氣。陸賈說：「善言古者合之於今，能述遠者考之於近。」（陸賈《新語·術事第二》）陸賈是以新「語」折服朝野的大儒，其對語敘古史提出的層次要求，是史言這種敘述形式的必然要求，是

其核心特徵之一，所謂以憧憬之心道徵實之語。《大雅‧生民》在詳述周始祖的豐功偉績後，那句「后稷肇祀，庶無罪悔，以迄于今」的結束語，正是按捺不住興奮的現實生活因為受惠於前心懷感激的緣故，跳將出來激動地親吻和感謝歷史。

　　第五，具體表達方式的不同。儘管史言和史書常常親如兄弟不分彼此，乃至如膠似漆貼在一處，但枝是枝葉是葉，樹枝憑線條表達自我，樹葉靠顏色來面對世界，在具體的表達方式上二者仍有不小的區別。關於史書的體裁，像通史、斷代、國別、紀傳、編年、本末等，前人多有研究。這裡說史言。作為一種基於聲音的記史形態，史言的本事源出於聲音的能力。聲音本是記憶仰仗最多的手段和工具。遙遠的地方火車飛馳而過，做出這樣的判斷不是因為我們的視線可以在建築林立的城市自由拐彎，而是聲音的記憶幫我們做出了這樣的分析。所謂「雷霆之聲，可以鐘鼓寫也；風雨之變，可以音律知也」（《淮南子‧本經訓》）。聲音的表現手法頗多。當年邵公勸周厲王，說「天子聽政，使公卿至於列士獻詩，瞽獻曲，史獻書，師箴，瞍賦，矇誦，百工諫，庶人傳語」（《國語‧周語上‧3》），像詩、曲、箴、賦、誦、諫、語之類便是不同的聲音形式。理論上說，所有這些都可以用來描述歷史。文獻資料來看，在先秦史言史上扮演過重要角色、留下了自己厚重而清晰之足跡的主要有這樣幾種體裁。一者是樂，前文所及季札訪魯聞樂知史的故事足以說明它實有歷史敘述的能力，並且曾在先秦史言史上真真實實的存在和發生過。第二是詩歌。上引《易‧歸妹》中的古歌以外，《周易》古經其他卦爻辭中還能找到不少記事寫史的古歌的影子，像《易‧解》「田獲三狐，得黃矢。負且乘，致寇至。解其拇，朋至斯」，便是一首解救遇匪主人的古歌，又《易‧明夷》中所採古歌記箕子射山雞事，《易‧離》所用古歌記天子征討叛國之事，《易‧睽》所引古歌記奇遇婚宴之事，皆是以歌說史的例子。〔註12〕《詩經》的史料價值眾所周知，前文也有提及，這裡不再贅述。第三為語。語在先秦是以明德為目的的集中收錄嘉言善語的教本〔註13〕，其中有相當部分是記事之語，典型的是《國語》，《論語》中也有不少記事成分，諸子百家涉及歷史的言語以及漢代的《新語》等也在此列。第四為傳說，專以記述各種歷史故

〔註12〕黃玉順：《易經古歌考釋》，巴蜀書社1995年版。關於《易經》的歷史內蘊可參程石泉《易辭新詮》，上海古籍出版社2000年版。
〔註13〕俞志慧先生觀點。

事為志趣的傳言和時說我們統謂之傳說，典型的材料是《韓非子·儲說》，內中收錄了大量凝結著先民生存智慧的歷史傳說，有的故事還收錄了多個版本以供人們比較和採擇。

第六，時間系統上的同異。從造字的角度看，古文時字，從日從之，體現的是人類出於生產生活需要，對太陽活動進行的過程性觀察。當然，太陽也只是對象世界的一個代表，古人的授時參考還有月亮、大火星、歲星等等。不同的觀察對象常常意味著不同的授時系統，而不同的觀察群體又往往意味著不同的授時個性，不同群體去觀察不同對象更是新意迭出、異彩紛呈，可以說，上古中國的時間是一種體現為過程性觀察的互動式美景，是先民天人合一生存智慧和文化傳統的關鍵支撐。莊子說「朝菌不知晦朔，蟪蛄不知春秋」（《莊子·逍遙遊》），一定意義上正是要人懂得去尊重人類以外的其他生命世界。事實上，萬事萬物，各有其時，所以中國的民間文化才特別重視選擇所謂良辰吉日。古代日書所經營的正是這單生意。建除家之類，根據事物的不同屬性，為之審定相應時日的吉凶，並在此基礎上依照時日特點的不同歸納出若干小類，用來對時間進行界定和說明。比如《睡虎地秦簡·日書乙種·稷辰》有云：「正陽，是胃（謂）滋昌，小事果成，大事又（有）慶，它毋（無）小大盡吉。」說是正陽日是大吉之日。那麼正陽日在哪呢？文中說三四月的卯、子日，五六月的巳、寅日，七八月的未、辰日，九十月的酉午日等等，便是正陽日。出於方便人們生活的考慮，術數家們更對包括穿衣、生子、蓋屋、出門、祭祀、安葬等人事做了詳細的吉凶時日的分析，乃至對包括木、馬、牛、羊、豬、犬、雞等都做了專門的論述。如論「羊日」有謂：「羊良日，辛巳、未，庚寅、申、辰，戊辰，癸未。忌日，甲子、辰，乙亥、酉，丙寅，丁酉，己巳。」又：「木良日，庚寅、辛卯、壬辰，利為木事」，「木忌，甲乙榆、丙丁棗、戊巳桑、庚辛李、壬辰漆」。說是羊的好日子是幾號幾號，不好的日子是幾號幾號；不同的樹木有不同的禁忌日，甲乙是榆樹的忌日，丙丁為棗樹的忌日等等。這樣的分析，一方面反映了術數之士對時間的深刻體察與把握，另一方面也是時間本身在不同事物身上的不同呈現與言說。換個角度，我們講，此類場景，恰是古人即事觀時，因物制時之授時習慣的展示。牛有牛日，馬有馬時，用牛方便，就叫牛日，用馬方便，便稱馬時，正式一點也可以說就是牛馬曆。面對如此波瀾壯闊的授時體系，史書編撰者

為了保證閱讀的方便和敘述的連貫，總是特別強調時間體系的明確和統一，
《春秋》、《左傳》及後世所謂正史莫不如此。這是體系觀察的需要。相較之
下，在場性特點明顯的史言，因為和當時當地的表達情景結合緊密，所以其
時間體系呈現出另一番景致。比如《睡虎地秦簡・日書甲種・歲》便明確記
述了當時秦楚曆法的差別，謂：「四月楚七月」，「五月楚八月」。〔註14〕秦用
顓頊曆，以十月為歲首，所以《秦律》特別強調：「官相輸者，以書告其出計
之年，受者以入計之。八月、九月中其有輸，計其輸所遠近，不能逮其輸所
之計」，「移計其後年」。〔註15〕說是部門間送東西，八九月間送，要考慮能否
在十月送達，如果晚於十月，那麼發貨方要把發貨時間的年份寫成後一年，
以與收貨方所記保持一致。不同地域的史言烙印著不同地域的計時習慣。比
如《睡虎地秦簡・語書》，開篇為一段有關上古法律出現過程及目的的史言，
講話時間為秦始皇「廿年四月丙戌朔丁亥」，這在楚地，大約計時上就要記成
某年七月。在紀年紀月上的不同之外，古人關於一天多少時段的劃分標準也
有不同，有的分十六段，有的分十二段。其實在古人，很多時候就沒有明確
的紀時觀念。史書謂：「秦無曆數，周世陪臣。自秦仲以前，初無年世之紀。」
（王國維《古本竹書紀年輯校》）「（秦文公）十三年，初有史以紀事」（《史記・
秦本紀》）。大約在春秋時代以前，秦國壓根就沒有明確清晰的曆法，所以後
人才有周孝王時期秦先「未有正朔」（《廣弘明集・卷十一》）的記述。說無史
紀事，那麼歷史記憶的傳遞大約只能更多的依賴沒有明確時間體系支撐的史
言。《韓非子・外儲說左上》收錄了一則故事，說鄭國有兩個人比誰年長，一
個說自己跟堯一樣大，一個說自己跟黃帝的哥哥一般大，爭訟不決，後息為
勝。故事的選錄固然是為了說明辯者的滑稽可笑，但它同時還提示我們，大
約在一般人對官方所謂紀年根本就不感興趣，所以才會今時不明、援古自重。
相信二者辯論過程中，是大談過一番史言的，想來兩者所敘史言，大約也沒
有什麼明確的時間系統。直到現在，農民老大哥對二十四節氣的關注仍遠超
過對所謂西曆紀年的留意。

　　史言，也即呈現於口頭的歷史敘述，是我國最為古老的歷史敘述形式，
後世所謂史書脫胎於史言的母體。同史書相比，史言在敘述主體上呈現出某

---

〔註14〕日書引文自吳小強撰《秦簡日書集釋》，嶽麓書社 2000 年版。
〔註15〕睡虎地秦墓竹簡整理小組：《睡虎地秦墓竹簡》，文物出版社 1978 年版，第 58
　　　　頁。

種全民性；敘事對象專門細緻；敘事風格簡約質樸；敘事過程相對簡短；敘事的在場性和現實關懷突出而明顯；敘事方式包括樂曲、詩歌、語、傳說、故志等不同形式；敘事時間呈現個體化、多維性乃至模糊不清的特點。近今所謂後現代史學的若干風景都能在上古史言中觀見。海內外史家與其就現代史學反思現代史學，倒不如從上古看現代，來得踏實和徹底。

最近，《清華大學藏戰國竹簡（貳）》公布了一篇震驚學界的史書，整理者將其命名作《繫年》。已有研究成果顯示，此一文獻的史料價值與西晉時發現的《竹書紀年》不相上下，乃至更有過之。《繫年》內容所及周初至戰國前期歷史，不少地方可以彌補傳世文獻的不足，或進一步佐證傳世文獻的價值。李學勤先生說：「《繫年》有一個非常重要的意義，即印證和補充《春秋》經傳，特別是《左傳》、《國語》的記載」，「也有不少地方可以補正《左傳》以及《史記》。例如吳國伐楚入郢的經過等等，就和傳世之說明顯不同」。[註16] 一個爭議較大的問題是《繫年》的體例。整理者將其命名為《繫年》，明顯是借鑒了汲冢竹書《紀年》的命名，將其視同編年體史書。但有的先生並不同意這種分析，認為就體例來說《繫年》當屬「紀事本末」[註17]。筆者倒覺得，前賢的定位同《繫年》的本來面目可能都有些出入。就其自昔觀今的敘事角度，簡潔質樸的敘述風格，濃鬱強烈的現實關懷，眾神狂歡般的時間架構，以及獨重興衰過程、成敗原委的內容偏尚來看，筆者認為，《繫年》實與陸賈等人「昔者吳王夫差、智伯極武而亡；秦任刑法不變，卒滅趙氏。鄉使秦以併天下，行仁義，法先聖，陛下安得而有之？」（《漢書·陸賈傳》）一類話語，以及左史戎夫說與周穆王的有關前朝衰亡教訓的話語十分類似，屬於史言。言說的對象，依據清華簡的整體內容，特別是《繫年》所記重歷史大勢、家國興衰及歷史發展關鍵節點的內容安排，其言說對象絕非群氓之輩，而當是國家幹部或貴族子弟。《國語·楚語上第十七》載申叔時有關教導太子的言論，曰：「教之春秋，而為之聳善而抑惡焉，以戒勸其心；教之世，而為之昭明德而廢幽昏焉，以休懼其動；教之詩，而為之導廣顯德，以耀明其志；教之禮，使知上下之則；教之樂，以疏其穢而鎮其浮；教之令，使訪物官；教之語，使明其德，而知先王之務用明德於民也；教之故志，使知廢興者而

---

〔註16〕李學勤：《繫年出版的重要意義》，載《邯鄲學院學報》，2011年第4期。
〔註17〕參許兆昌、齊丹丹：《試論清華簡〈繫年〉的編纂特點》，《古代文明》2012年第2期。

戒懼焉；教之訓典，使知族類，行比義焉。」說是楚人的傳統，輔佐和教導
太子，主要涉及幾大類內容。其中最後一項叫「故志」，其目的是「使知廢興
者而戒懼焉」。既然是貴族教育的必修，那麼大約還會有專門的教材，表現為
口說，大約正即左史戎夫對周穆王所言，以及清華簡《繫年》所及內容之類。
考慮到《繫年》本身為楚文字寫就，很有可能為楚人之作，那麼我們推定就
其體例來說，此篇材料實為「故志」類史言。前輩學者缺乏對「史言」的深
入瞭解，一味只就史書體例來解讀之，一定程度上恰是陷入了既有知識的陷
阱中。筆者之言，雖未可必，總是提供了一種新的思路，或者能稍有裨益。

# 新易象：六十四重卦

如前所述，中華文明的第一縷曙光乃中華古六爻。以太陽象形為標誌的古六爻符號體系即最初最早的象學符號體系。

宋儒鄭樵《通志·二十略·圖譜略》首談「索象」。「索象」即「繫象」，也即「爻象」。《索象》篇謂：「圖，經也。書，緯也。」強調「古之學者為學有要，置圖於左，置書於右，索象於圖，索理於書，故人亦易為學，學亦易為功。」〔註1〕「若欲成天下之事業，未有無圖譜而可行於世者。」〔註2〕六爻在周代失傳，其後唯剩傳統易象學體系相沿傳承數千年，支撐了民族文化起起伏伏的存在與發展。

傳統易象學體系以六十四卦為骨幹，數千年來不曾改變。古代學者研《易》習《易》偶有觸及新的易象體系者，終是未盡人意，沒有給出明確的新的易圖。賴上天眷顧，筆者在二十一世紀一〇年代完成了新易象體系的創造，包括六十四重卦〔註3〕。以二進制法積算自零至肆零玖伍計四千零九十六個卦象，依宋儒邵雍舊法排布，謂之「斌易」。〔註4〕

今隨書刊錄，公諸同好，供研究使用。

---

〔註1〕【宋】鄭樵：《通志二十略（全二冊）》，中華書局1995年版，第1825頁。
〔註2〕【宋】鄭樵：《通志二十略（全二冊）》，中華書局1995年版，第1827頁。
〔註3〕卦象由紅藍兩色構成。莊嚴大氣，優美悅目。
〔註4〕《中庸》有「祖述堯舜，憲章文武」之說。周易興起於周文、周武創立的有周之世。取「文武之道未墜於地」之義，我們將四千零九十六個卦象以及一千六百七十七萬七千二百一十六個大象之新易象體系（前者由四個卦象結構而成，後者由八個卦象結構而成）命名為「斌易」。

0000～0007

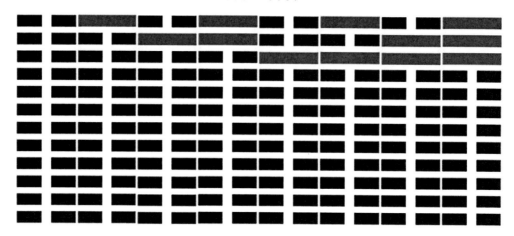

0008～0039

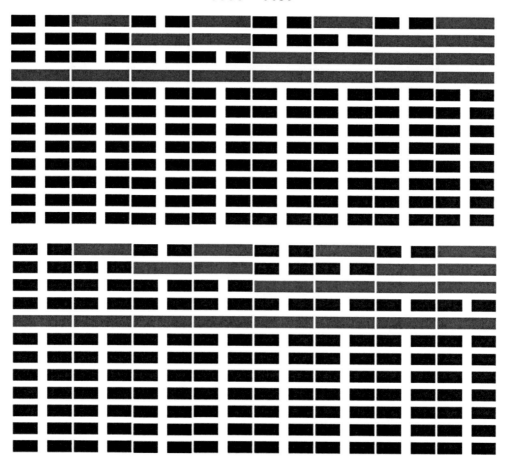

0040～0071

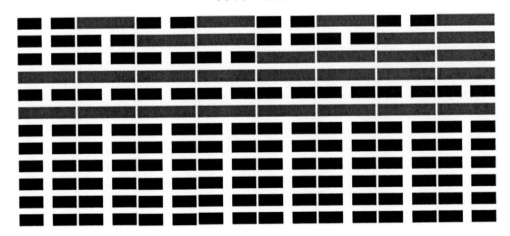

0072～0103

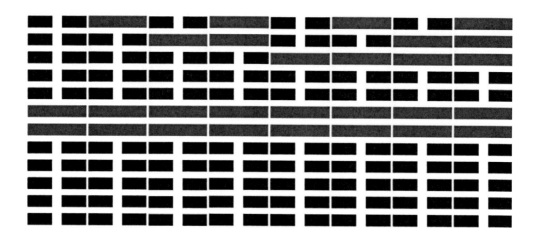

0104～0135

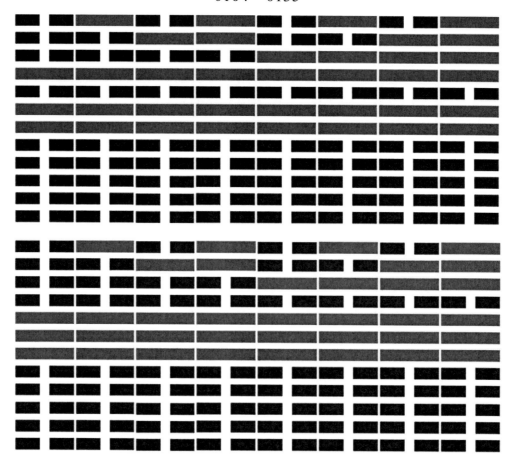

0136～0167

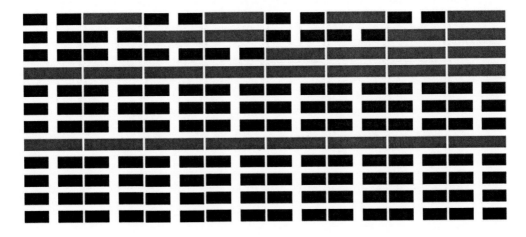

0168～0199

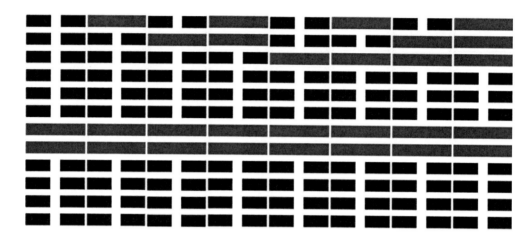

0200～0231

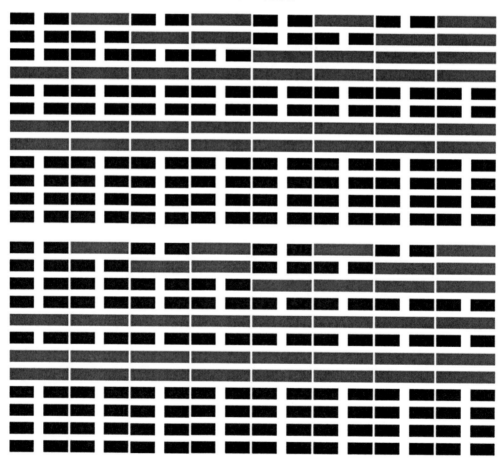

0232～0263

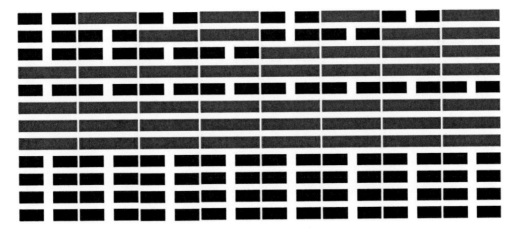

0264～0295

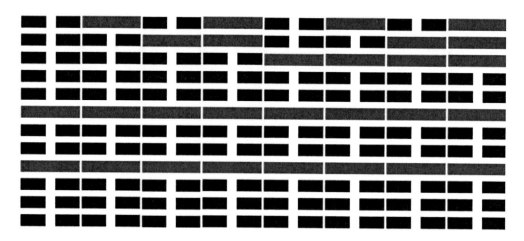

0296～0327

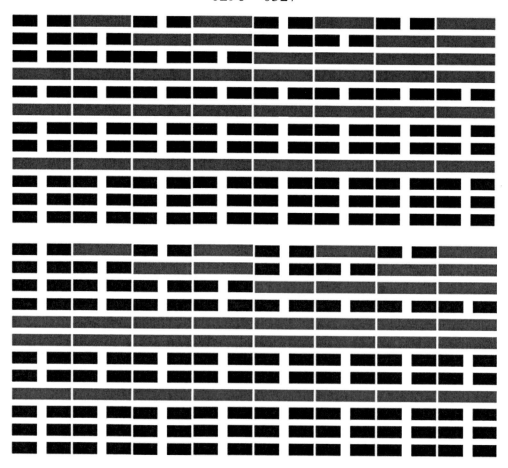

0328～0359

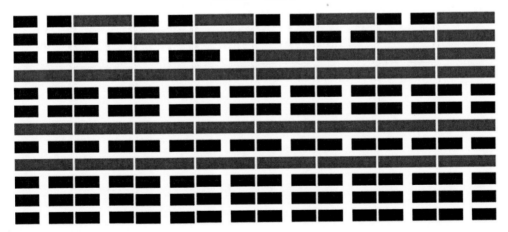

0360～0391

0392～0423

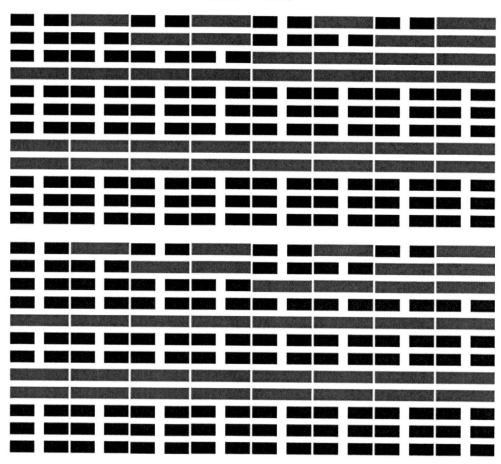

0424～0455

0456～0487

0488～0519

0520～0551

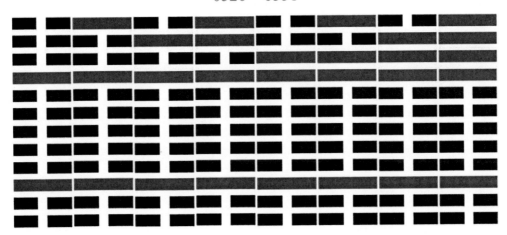

0552～0583

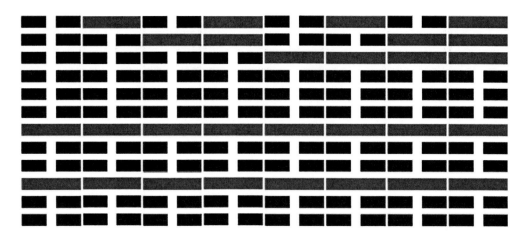

0584～0615

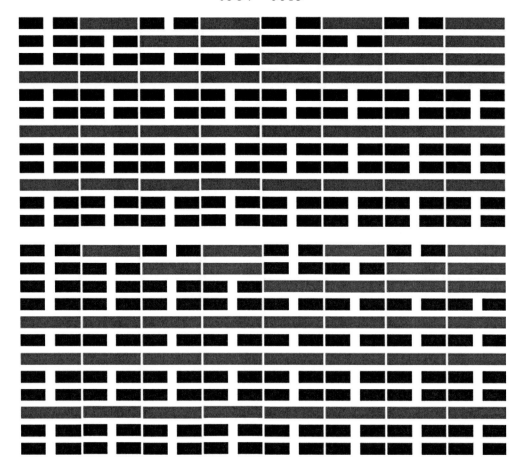

0616～0647

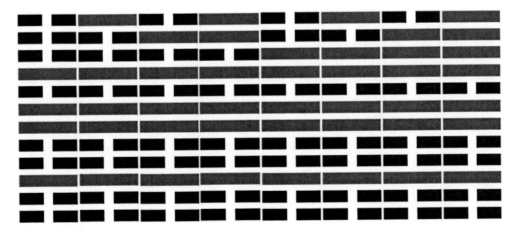

## 0648～0679

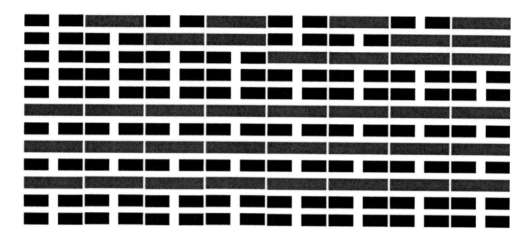

0680～0711

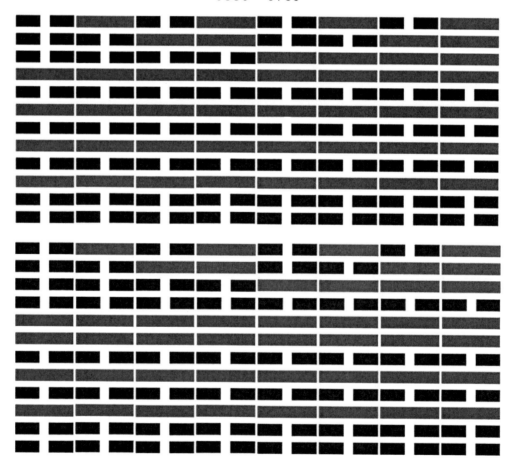

0712～0743

0744～0775

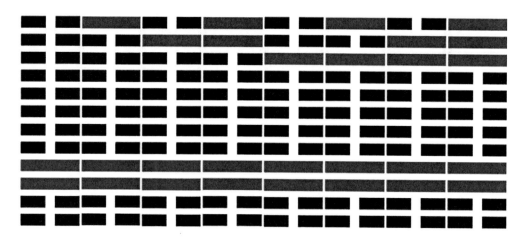

0776～0807

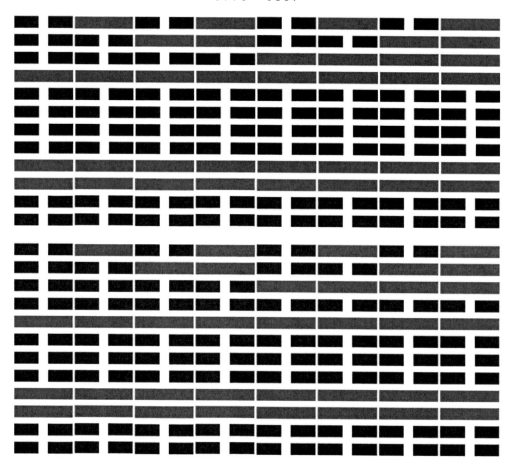

0808～0839

0840～0871

0872～0903

0904～0935

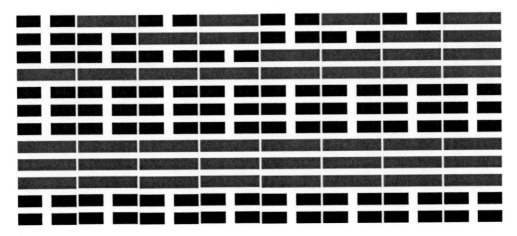

0936～0967

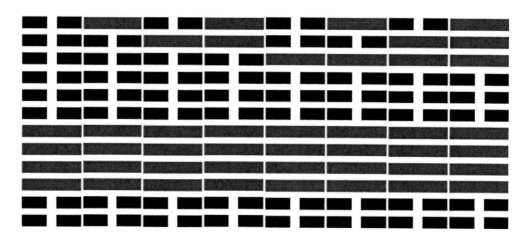

0968～0999

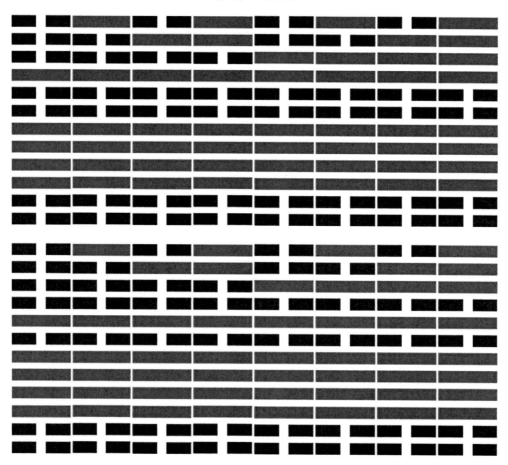

1000～1031

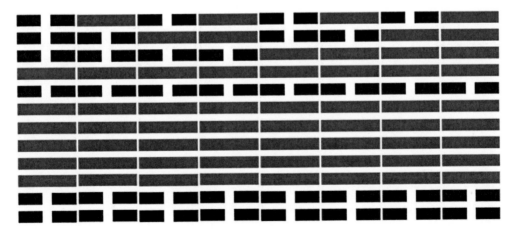

1032～1063

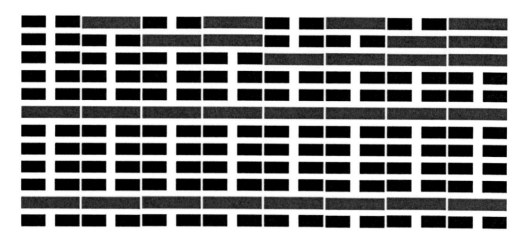

1064～1095

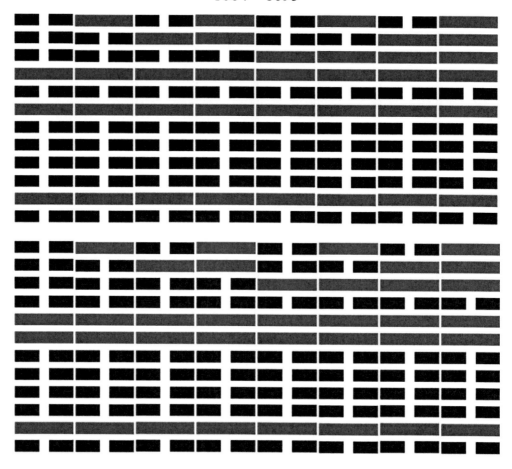

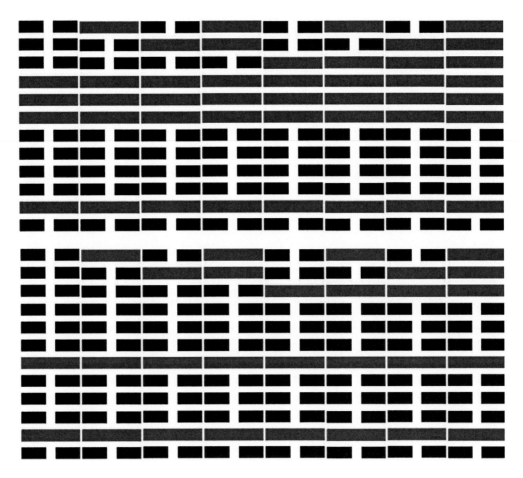

1096～1127

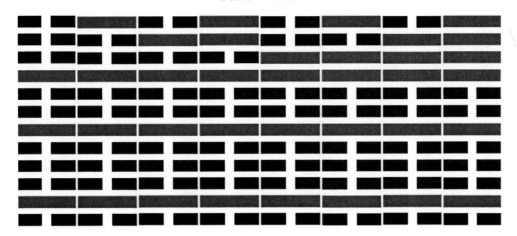

1128～1159

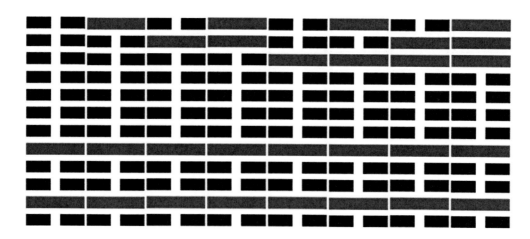

1160～1191

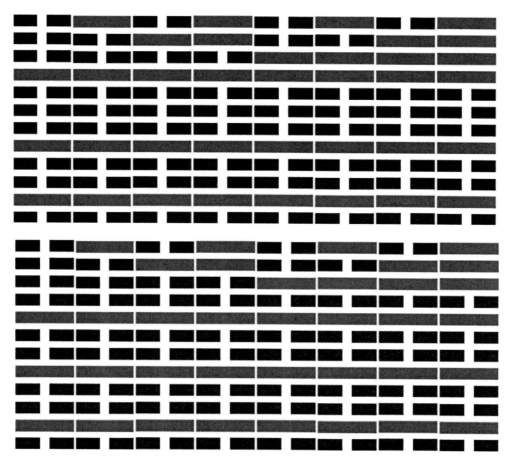

1192～1223

## 1224～1255

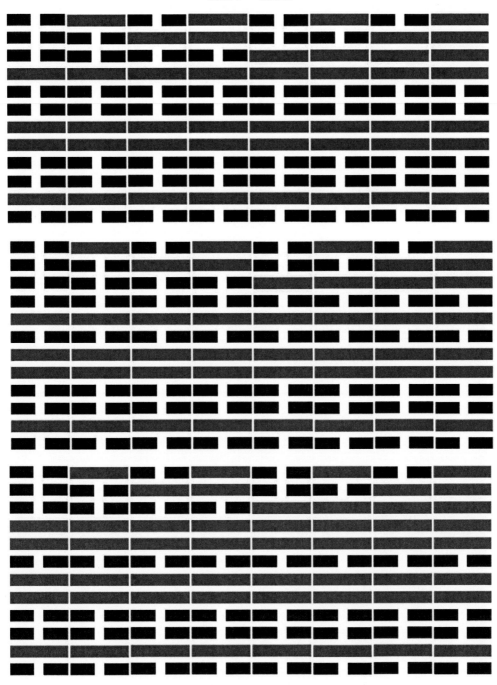

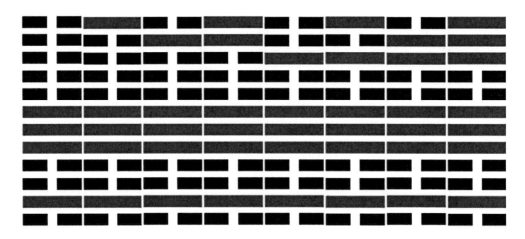

1256～1287

1288～1319

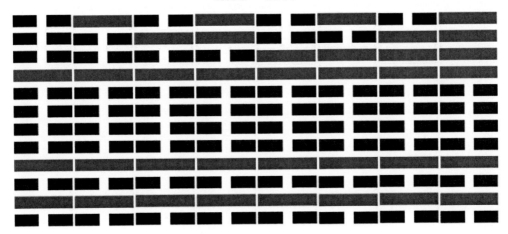

1320～1351

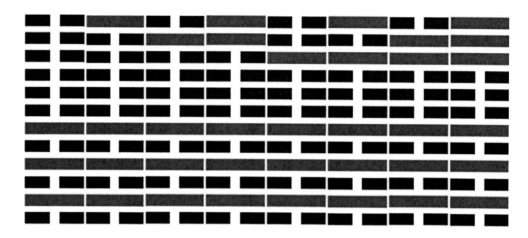

1352～1383

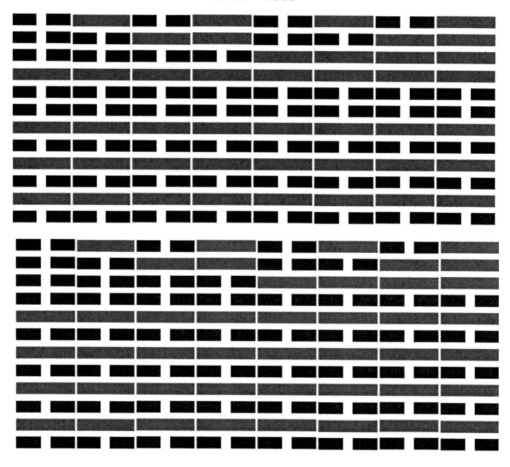

1384～1415

1416～1447

1448～1479

1480～1511

1512～1543

1544～1575

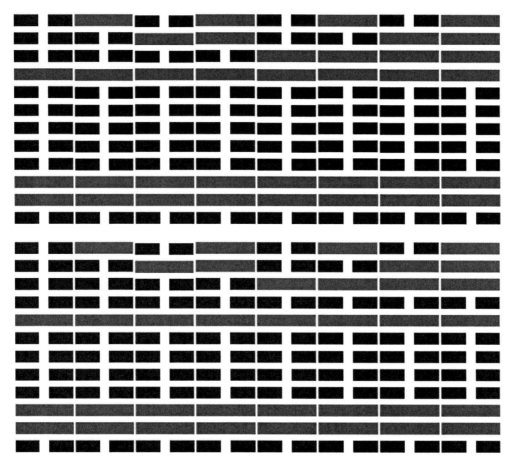

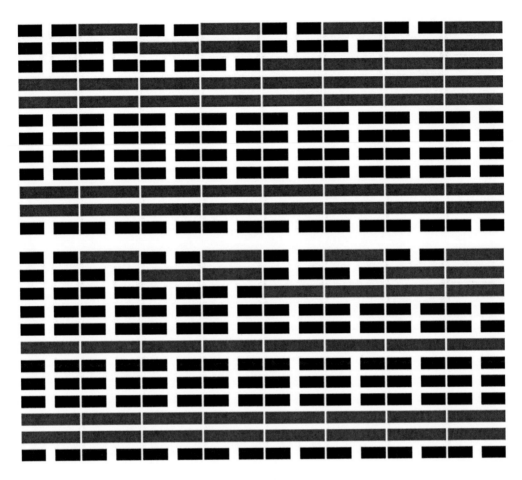

1576～1607

1608～1639

1640～1671

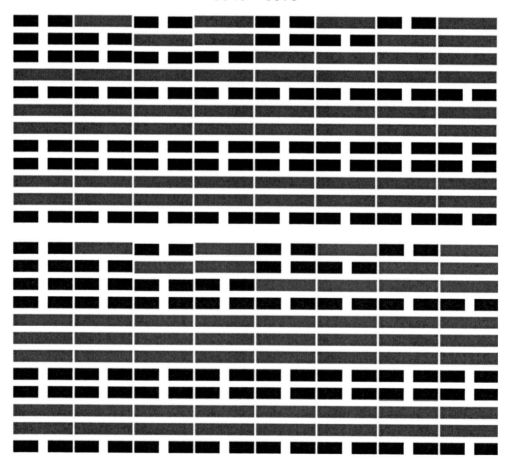

1672～1703

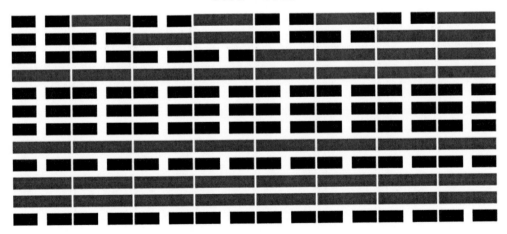

1704～1735

1736～1767

1768～1799

1800～1831

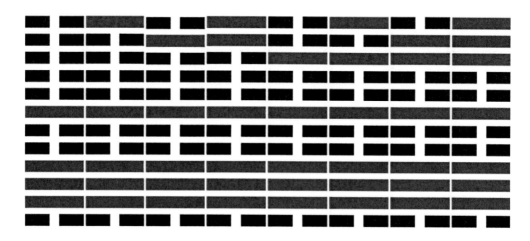

1832～1863

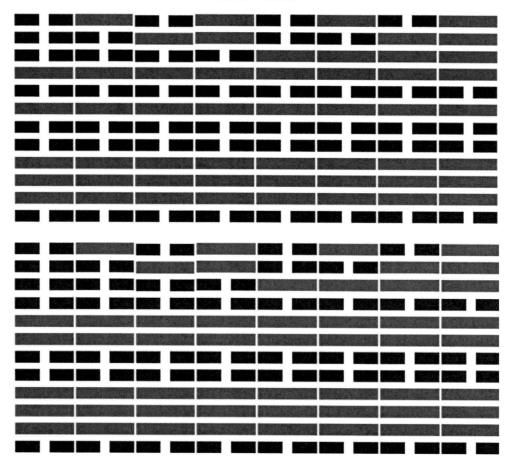

1864～1895

1896～1927

1928～1959

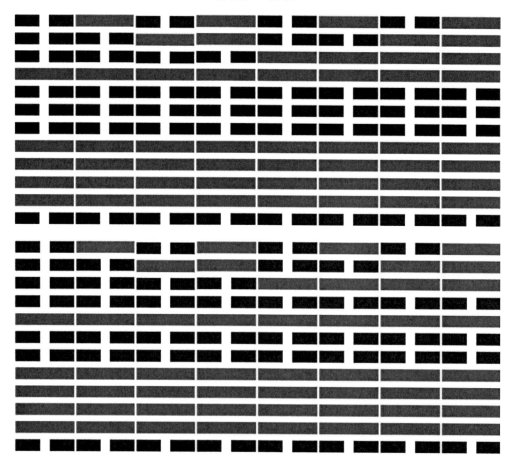

1960～1991

1992～2023

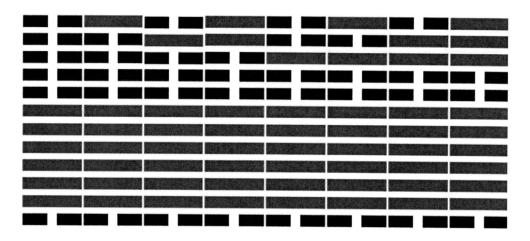

2024～2055

2056～2087

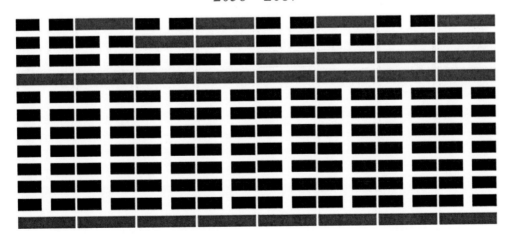

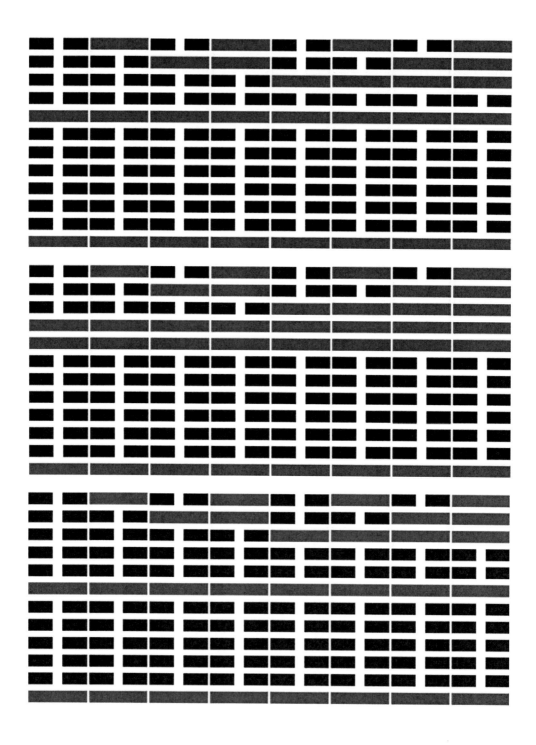

2088～2119

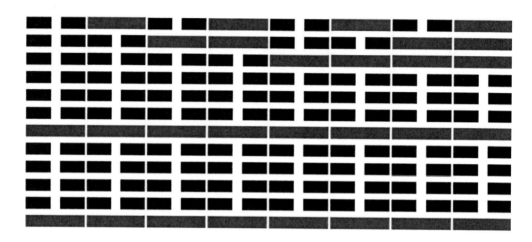

2120～2151

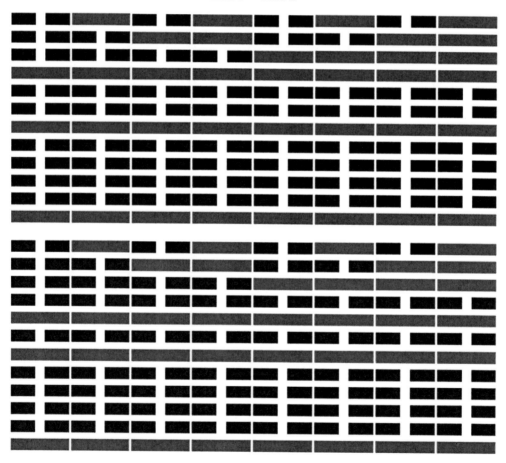

2152～2183

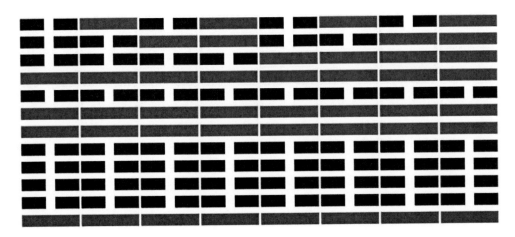

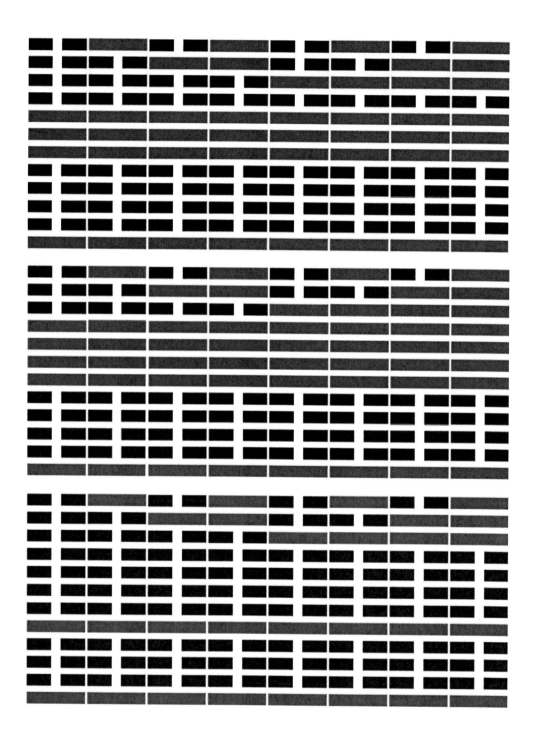

2184～2215

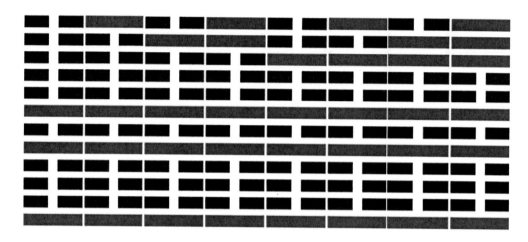

2216～2247

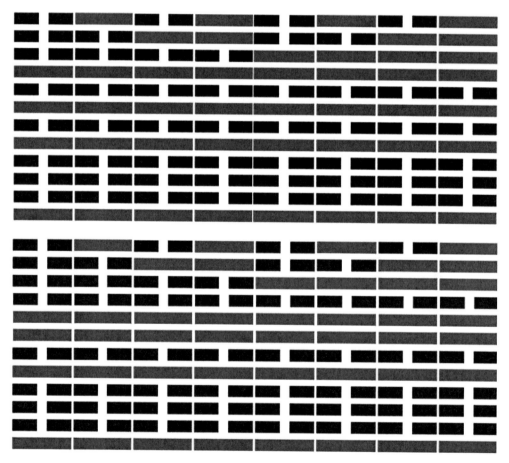

2248～2279

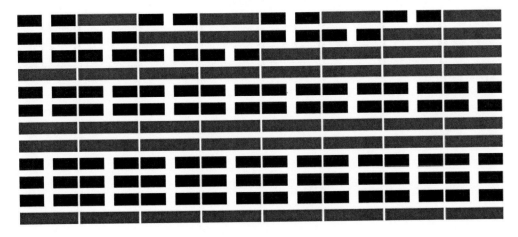

2280～2311

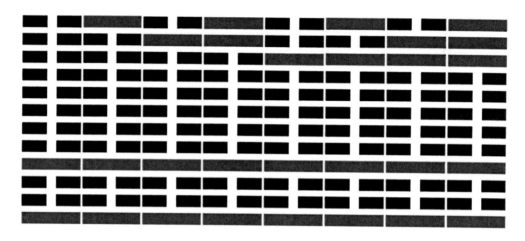

2312～2343

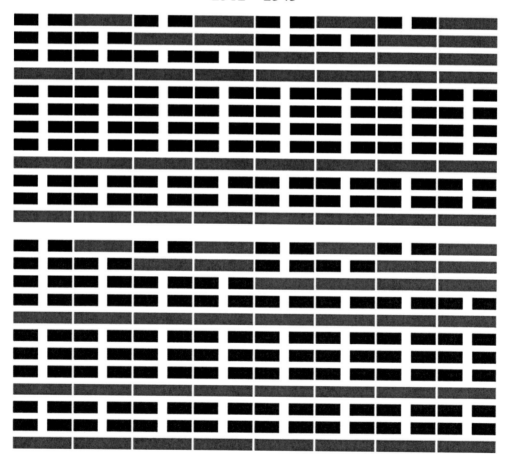

2344～2375

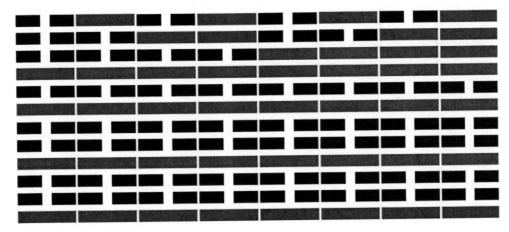

2376～2407

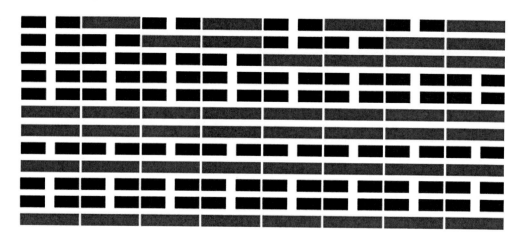

2408～2439

2440～2471

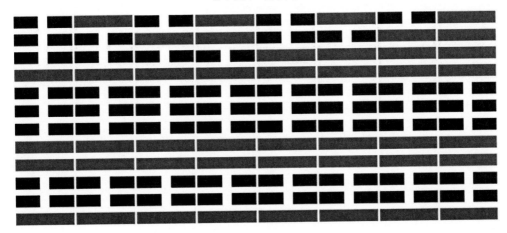

2472～2503

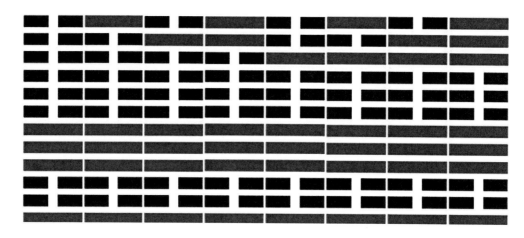

2504〜2535

2536～2567

## 2568～2599

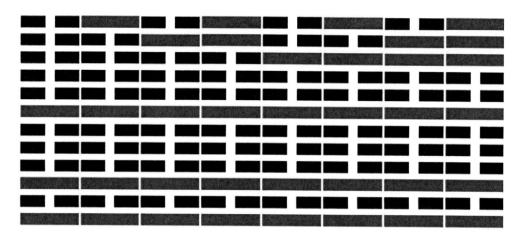

2600～2631

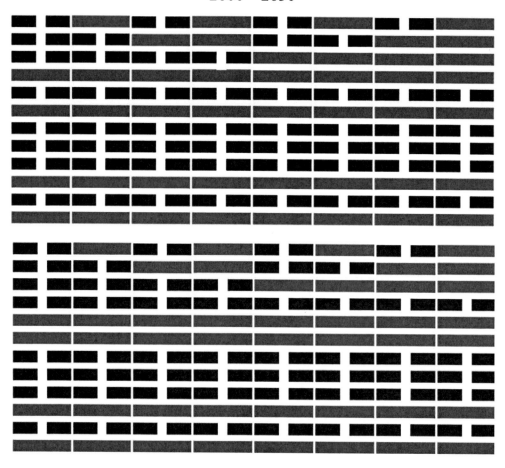

2632～2663

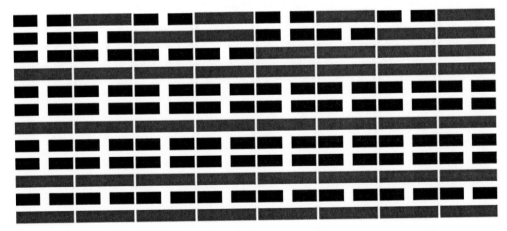

2664～2695

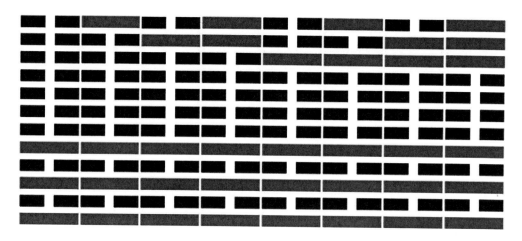

2696～2727

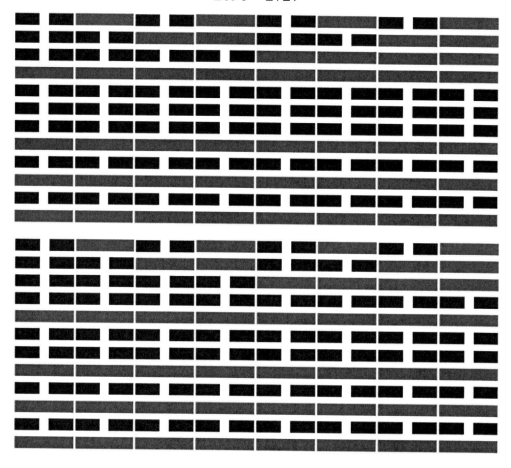

2728～2759